民俗芸能に残る古猿楽の芸能

山路興造【著】
Kouzo Yamaji

岩田書院

序に代えて

一九三九年に東京に生まれた私は、子供の頃から専門家の演じる舞台芸能に熱中していた。大歌舞伎はもちろん。戦後新しく登場した明治座の少女歌舞伎をはじめ、三越劇場や東横劇場で演じられた児童劇も含めて、当時の子供にしては珍しく、そういった環境に恵まれていたようである。加賀美一郎や川田正子の児童音楽劇なども、記憶にはっきり残っている。いまだ国民学校にも行っていない幼少期の記憶である。

地方に伝承された「民俗芸能」に、私の関心がうつったのは早稲田大学二年の時であった。本田安次先生の「芸能研究」という授業を聞いて、夏休みのレポートに島根県津和野町の「鷺舞」を選び、その調査に行ったのがきっかけであったが、東京育ちの私は、高校時代から無類の旅好きで、当時五割引であった国鉄の学生特権を利用して、いまだ返還されていなかった沖縄県以外は、ほぼ全国に足を運んでいたはずである。もちろんそのすべてが一人旅であった。当時の私は、民家の造形に心引かれていたのである。

今回『民俗芸能に残る古猿楽の芸能』と題して小冊子に纏めたこの小論集は、八五歳を迎えた老人の新稿ではない。一九六六年二月から、翌六七年三月まで、一四回にわたって当時の月刊誌『藝能』に連載させていただいた文章をまとめたものなのである。約六〇年以前に書いた原稿で、基本的に当時の原稿に一切手を加えることをしていない。

私が本田安次先生に学んでいた頃の「民俗芸能研究」は、調査が主流であった。「民俗芸能」という名称は、文化庁によって認知されはじめていたが、「民俗芸能学」は成立していなかったはずである。早稲田大学を中心に「民俗芸能の会」という研究会が月に一回開催されており、『芸能復興』という名称の研究誌が発刊されていた(創刊は一九五二年一〇月で、一九五八年一一月刊の一九号が最終刊)。この会の運営の中心は、早稲田大学勢の本田安次・郡司正勝・後藤淑を中心に、宮尾しげを・倉林正次・三隅治雄など、すこぶる少人数であったが、内容の充実した研究会であり、研究誌であった。

雑誌自体は日本青年館の「民俗芸能友の会」に引き継がれたが、早稲田大学に於ける毎月の研究会はそのまま引き継がれ、私や渡辺伸夫氏などの若手も参加した。

一方、雑誌『藝能』は折口信夫が一九四三年四月に創設した「藝能学会」の雑誌であったが、戦争で休刊していたのを、慶応大学で折口に薫陶を受けた石井順三氏が一九五九年二月に再刊を果たした月刊誌である。石井氏の自宅を事務所として、専門の編集者を置いて自費を注ぎ込んで発刊し、氏が逝去された一九八八年一二月号まで、一冊の欠号もなく刊行された（なお、現在再び『年刊藝能』が再々刊されている）。私は二〇歳代後半から四〇歳代に京都に移住するまで（その後、滋賀県野洲市に移転）、石井氏には相当にお世話になり、この雑誌に多くの雑原稿も書かせて貰っている。

私は民俗芸能研究がその調査と報告をもって「学」としていることに対しては、学生の頃から疑問を抱いていた。やはりその本筋は「芸能史研究」にあるのではないかと考えていた。もちろん歴史の浅い民俗芸能研究が、まずは調査が主流であり、その報告にあるべきことはわかっていたのだが、私が学生時代に本田先生へ提出したレポートなどをみると、やはり津和野町や山口市の鷺舞調査が、芸能史研究の様相を呈している。

私の芸能史に関する関心は、民俗芸能調査と並行してすこぶる旺盛であった。時間があると芸能史関係の書籍には目を通したし、家から近い国立国会図書館に通って、公家の日記から芸能史料を書き抜いてカード化していた。そんな時期に書いたのがこの小論である。確かに六〇年後の現在読み返すと、多くの問題が解決しているし、論じられている。しかしもう一度同じ疑問や問題を蒸し返しておきたい、というのが私の心境なのである。

ここには一いちは挙げないが、私は行政から依頼を受けて、あちこちの民俗芸能を調査し、報告書を出版した。この種の報告書は発行部数が少ないから人の目につきにくい。その報告書製作の最初が一九六四年六月刊行の『遠州西浦の田楽』であった。この調査は、他からの依頼ではなく、私個人の調査であった。そのために西浦《にしうれ》字所能《しょのう》に在住の別当高木英郷氏には多大の迷惑をおかけした。東京在住の私は三年間に数十回もお邪魔し、付近に宿泊所がないため、何十回と泊めてもらった。若さ故の無謀であったが、中学を出て長野の営林署に出ていた息子虎男さんの布団を借りたり、祭りのために帰郷した虎男さんと同衾して調査させてもらったのである。幸いこの報告書は名古屋の「まつり同好会」の田中義弘氏が同会の『民俗文化研究所紀要1』として刊行してくれた。

しかし現在の私はこの報告書の出版を後悔している。内容についてではない。その表題についてである。当時この三信遠（三河・信濃・遠江）一帯の村々に伝承された祭りや行事は、戦前に早川孝太郎や折口信夫の調査により、それぞれに名前が付けられ通称されていた。「花祭り」「雪まつり」「冬祭り」「田楽」「田遊び」などである。静岡県磐田郡水窪町（現浜松市天竜区水窪町）西浦に正月一八日（旧暦）に伝承された諸行事も、「西浦の田楽」の名称で当たり前に呼ばれていた。私もそれを疑う知識を持っていなかった。

しかし、この先輩たちが勝手に付けた名称は、芸能史の知識をある程度獲得している段階であったら、もう少し慎重でなければならなかったはずである。「西浦の田楽」でいえば、正月一八日は観音堂の修正会に当たり、修正会の法会として、一連の法会や芸能が繰り広げられたのであり、「田楽」はその種目の一つに過ぎなかったのである。

中央の史料では「観音堂」の修正会の実態を記したものは、見つかっていないが、中世後期の大寺院における修正会の実態は、今日わかりかけている。それらの実態をある程度解明したうえで、地方に伝承されたさまざまな行事は検討されねばならなかったのである。伝承された民俗芸能の個別研究で終わるのではなく、法会や芸能史の実態を知ったうえで、民俗芸能の研究はなすべきなのである。したがって、現在の私なら違った表題をつけたであろう。

六〇年以前の私の調査報告書は、調査の報告であるからそれなりの意味はあると思うが、研究はこれからなのである。その意味では、次世代の研究者が、もう一度それぞれの民俗芸能を見直してくれることを期待したい。その作業はすでに始まっているのかも知れない。

二〇二四年六月

民俗芸能に残る古猿楽の芸能　目次

◆民俗芸能に残る古猿楽の芸能（一）

多武峯猿楽

此処に「古猿楽」の名称を用いる以上は、まず最初に、これから扱おうとしている古猿楽の定義とその範疇を規定するのが順序かと思うが、私は敢えてそれをしない。厳密な意味で民俗芸能を文献資料と同等の位置に置く為には、周到な準備と相応なスペースを必要とするからである。日本芸能史の芸態研究に、伝承資料としての民俗芸能が、どの程度の寄与をなしえるかの一つの試論とでも云えよう。

今日では一般に古猿楽の名称を与えられているのは、世阿弥が大成する以前の猿楽についてであろう。だからと云って、世阿弥の出現を境に、時代をはっきり区切って、それ以前に属する資料は古猿楽、以後がそうでないものと区別する事は、今の場合あたらない。特に民俗芸能として今日残るもののなかから、大成後の能より一段と古めかしいと思われる、又別の系統に属すると考えられる芸態のものを眺めようとするのであるから、随所に独断と誤診があろう。また民俗芸能とて、伝承に変化のないものではなく、芸能の常として流動のなかに身を置いて今日に経っている。しかしそれでも、その民俗芸能を芸態の資料として、古猿楽の姿を考えてみたいと思うのである。

○

南北朝から室町時代にかけて、俗に「多武峯様」とか「多武峯猿楽」と呼ばれる猿楽のあった事は記録に残されて知られている。南都興福寺とともに、絶大なる勢力を有した多武峯で十月に行なわれた法華八講に演ぜられたもので、それが特殊演出であった為に、特にこの名で呼ばれている。「申楽談儀」にも、

一、多武峯の役の事、国中は申にをよばず、伊賀、伊勢、山城、近江、和泉、河内、紀の国、津の国、この中にありながら上らずは、長く座を逐うべし、この外の国々にあらば　宥すべし、

とあるから、南都の薪能、春日若宮御祭とともに、猿楽衆にとっては大切な祭礼であり、演能の場であったはずである。「大乗院寺社雑事記」寛正四年(一四六三)十月十三日の条に、

自今日　多武峯八講堂猿楽始之、金晴・金剛両座参懃之、三十年計退転事也云々、為見物諸人群衆云々、

とあり、寛正四年に復活、それ以前は、永享年中まで行なっており、なにかの理由で中止して

いたものと思われる。しかし、この多武峯八講にいつ頃より猿楽衆が参勤したものか正確なところはわからず、寛正四年以後も、

多武峯能ハ観世・法性両人為之　（寛正五年十月十四日、「安位寺殿御自記」）

多武峯猿楽在之、不依雨下毎度此儀也云々　（寛正六年十月十六日、「大乗院寺社雑事記」）

以下、「大乗院寺社雑事記」をひろっただけでも、文明十六年、延徳元年（一四八九）、三年、明応四年（一四九五）、七年、八年が金春・金剛の参勤。明応三年、五年が観世・宝生の参勤と、二座ずつの交替で勤めていたらしい。又観世はこの帰途に春日社頭で演能するのを例としていたらしく、

京都観世大夫於社頭法楽、昨日於八幡法楽云々、今度多武峯猿楽参同之次也　（文明十三年十月二十日）

などと「大乗院寺社雑事記」に見える。これがいつ頃まで続いたものかははっきりしないが、

多武峯八講猿楽今日明日也、金晴・金剛両大夫也、金剛自身ハ在出雲国、（「尋尊記」明応八年（一四九九）十月十三日）

金剛大夫来、見参、雲州ニ罷下云々近日上洛、（同十月二十日）

とあるによっても、そろそろ衰退の色がうかがえ、永正二年（一五〇五）十月十三日の「多聞院

日記」の記事、

多武峯能、簡井より依立公事之儀、被抑留了、依之能無之、

あたりを境に記録もなくなる。

さてこの多武峯猿楽はなぜ「多武峯様」などと呼ばれて特殊視されたかと云うと、それはその芸態にあった。復活直後の寛正六年十月二十八日に、この多武峯猿楽が室町殿に於いて行なわれている。「蔭凉軒日録」によるとその様子は、

今日四鼓刻、観世勤能、可如南都着兵具之由有之……今日申楽十一番有之、

又、同じ記事を「大乗院寺社雑事記」では、

於室町殿四座猿楽在之、毎事如多武峯様云々、

「親元日記」二十九日の条には、

於松御庭猿楽、多武峯様二番在之、御鎧腹巻出、

などとも書かれる。二十八日の演能が観世一座か四座すべてが勤めたものかは判然とせぬが、多武峯様と呼ばれる演出の能で、それが「着兵具」、或は「御鎧腹巻出」というものであったことは伺える。

実はこの特殊能の具体的な記録は、中絶する以前の永享元年(一四二九)五月三日、室町殿御

所笠懸馬場に於いて行なわれ、当時の人の目を驚かせた記事が最も詳細を伝えている。「満済准后日記」に、

於室町殿御所笠懸馬場、観世大夫両座一手、宝生大夫、十二五郎一手ニテ出合申楽在之、如多武峯芸能致其沙汰了、乗馬甲冑等悉用実馬実甲冑了　驚耳且了、……終日活計、申楽十五番仕候了、自此桟敷中寄合萬疋進之了、

と記され、「建内記」には、

今日於御桟敷有一献、面々桟敷能々可張行之由、有下知、有数献、次大館入道参候、被摂政御杓了、

毎年於多武峯神事猿楽之体也云々、或着甲冑持刀劒、或乗馬出舞台、

芸能事、

左、観世

十郎也

義経、乗馬出舞台

綾織　一谷先陣　　秦始皇

梶原、三郎也

とある如く、それは実馬実甲冑の出立で行なうページェント風のもので、当時は多武峯独特なものとして、多武峯以外での演能でも、この形式は「多武峯様」とか「多武峯猿楽」と呼ばれて特殊視され珍しがられている。

日野中納言為御使来臨、今日唐人又参申、申楽於多武峯如令沙汰被仰付了、見物サセラレ度時宜可参申入云々、

と「満済准后日記」永享六年七月十六日の条などにもある。なぜ多武峯だけにこのような特別の様式がなされていたのかは早断出来ぬが、この猿楽のもつ実馬実甲冑という特色のなかでは、演目も限られようし、その演出様式とて決して複雑なものにはなせえない。おそらくは、合戦に題材を求めた一篇のもの語（語り物）の登場人物がその姿の扮装で出て、自分の語りの部分を自からが語るという、今の現在能の形式の、一段古い時点で分化した別系統の演出様式というべきものではないだろうか。本田安次博士は、現今の現在能の様式を「第二の能」の名で呼び、その演出を、「この能には総て現実の人間が出る。即ち、前後をととのへた一篇の物語があり、その物語の中に語られてゐる人物が、物語の進行につれて次々と舞台にあらわれ出て、その物語りの各自に関する部分を多少の身振を交へつゝ、各自が受持つて語るといふ」形式であり、根本は三人称の語り物であると云っているが（『翁その他』）、この多武峯猿楽は、その語り物の内、

合戦的特色のある題材を、実馬実甲冑という非常に写実的な出立で、ページェント風に演じたところに趣向があったものと思われる。この形式がいつ頃の工夫であるか判然とせぬが、前記「申楽談儀」に既に相当の比重をもったものと記されている点からも、決して新しいものではなかったろう。

世阿弥も「彼の理想と氷炭相容れない筈の多武峯猿楽の台本さえも書いたらしい」と推定せられているから（小林静雄『能楽史研究』）、やはりその形式は古猿楽の範疇に入れてよいかと思う。

室町時代の多武峯猿楽を説明するのに多くのスペースを使ってしまったが、実は私は、宮城県栗原郡金成町小迫、白山神社の旧三月三日に行なわれる祭礼にこの多武峯猿楽の芸態の面影をみたいのである。この神社と多武峯の間に交渉などがあったという証拠は勿論ないが、この宮に伝わる芸能は一種の延年で、古くは楽峯山菩提院勝大寺と呼ばれた大寺（永正年中に二六坊あり）の衆徒により、獅子舞、献膳、神男・老女・若女、入振舞、飛作舞、馬乗渡し、田楽舞などの芸能を行なう。今は衆徒ではなく村人の奉仕となっているが、頼朝の泰衡誅伐と関連づけてその伝承を残しているこれ等の芸能は決して近世の移入でない事は明らかである。

この内、馬乗渡しの一番が、馬乗甲冑猿楽の断片と思われるもので、那須与一の扇の的を仕

組んでいる。本田安次博士の報告（『宮城県史』19）が詳しいので引用させていただくと、

境内にきずかれた三間四方の土壇の芝舞台を中心にまず後藤兵衛実元（烏帽子・大紋、但し桐の葉紋・軽衫・佩刀・扇）が馬乗にて現われ、大音声に、

いかに人々聞こしめし候へ、あれは八島壇の浦に於て源氏平家の戦にて候、

と叫び帰らんとして自己を名乗っていない事に気付き引返して、

かく申す某は後藤兵衛実元にて候、

と名乗って返る。次に源頼朝（仕度後藤兵衛に同じ、但し無紋）、畠山庄司重忠（仕度同上、但し丸に二引の紋）、千葉ノ介常胤（同九曜の紋）、和田小太郎義盛（同三巴の紋）、那須与一宗高（鎧兜・佩刀・扇）、後藤兵衛の面々が順次馬乗で居並ぶ。但し頼朝・重忠・常胤・義盛は東向に、与一・実元は北向に。源頼朝が、

さん候、

と云えば、畠山重忠、

あれ〳〵ごらん候へ、沖の平家よりみな紅の扇を出され候は、あれは源氏に射よとの計にて候、誰にか仰付け射させられべく候、

千葉ノ介常胤、

人多しとは申せとも、那須与一宗高こそは丈は小兵に候へとも、かけ鳥なと仕るに三つに二つは留むる仁にて候、かの仁に仰せ付け射させられべく候、

和田小太郎義盛、

いかに与一承るか、君よりの御諚にはあの扇を一矢射て国々の諸大名に見物させよとの仰せにて候、

那須与一、

仰せは左様に候へとも波の上の分のこと、いかでかは仕るべく候、

後藤兵衛実元、

御諚背くべきに候はばとく〳〵鎌倉へかへらるべく候、

那須与一、

御諚背きかたく候間一矢仕るへく候、

とて弓矢を取り番へて、

南無正八幡大菩薩別しては那須の弓神大明神然るへしをも候はばあの扇一矢射させ給はるべく候、

云い終りて弓を絞り、扇の的を射る、

一種の劇曲の体をなしているが、近世の馬芝居等の影響でないことは確かで、伝承の過程に於いての簡略化がはなはだしいが（登場人物のみは略していないと思う）、これが多武峯猿楽と一連の芸脈ある芸能であろうことは断定してよいように思う。

語り物を具現化したと思われる「現在能」が、今日の演出形式を見つけだし個定化するまでには、様々な芸態の芸能が存在していたと思われるが、多武峯様と呼ばれる特殊演出形式をもつ芸能をそれらの一形式と見た時、それは芸能史の一点に位置を見いだせるものと思う。この演出形式は、中央では多武峯の保護により特に「多武峯猿楽」の名を与えられて十五世紀の末まで残存したが、地方の大寺に移入され隔離されたものは、その芸態の残影を今日に伝え、我々の眼前に繰りひろげてくれているのである。

多武峯猿楽の演出形態は、史料の調査により、もっと具体化出来ようし、多武峯常行堂延年や、多武峯御霊会能との関係など、今後の研究で多くの補足がなされねばならない。

◆民俗芸能に残る古猿楽の芸能（二）

猿楽能舞台としての拝之舎（はいのや）

能を演ずる為に作られた舞台として今日残る最古のものは、京都本願寺の能舞台（天正年中、聚楽第のものと伝う）や、広島の厳島神社能舞台（永禄年中の創建という）であるという。奈良春日若宮社の前に建てられた拝之舎は、能舞台とは云えぬが、舞台様式が今日見る如く一定する以前、いや、猿楽能がその姿を見せはじめた当初から、その舞台として流用され、猿楽能・田楽能の形成にさえ参与したと思われる建築物である点、注目されてよいものである。

春日若宮は、長承四年（一一三五）に現在の地に鎮座され、今日残る拝舎（国宝）も治承二年（一一七八）には創建されている。この拝之舎が、確実に芸能の舞台として使用されたのは非常に古く、文献では、「春日若宮神主祐茂記」建長七年（一二五五）二月六日の条にある、

薪猿楽ガ所従、舞台東雨垂ニ小便、清祓祭、主人直垂腰刀二貫文出之、

という記録で、前後の記事や、文永六年（一二六九）三月二十一日の「若宮神主祐賢記」に、

酉刻猿楽三人若宮拝屋北ノアマタレニ小便ヲス、彼祓ノ祭物ニ脇ノ刀一・ヒタタレノカミ、

此ヲ出畢、

とあるところなどから、「舞台」が拝舎をさしていたものと断定出来る。興福寺薪猿楽が春日若宮拝之舎を舞台に奉納していた事は後にも述べるが、既にこの時代に舞台としての機能を有していたのである。更に時代が下ると演猿楽の記録も多く、「春日若宮神主祐春記」乾元二年(一三〇三)の小五月会の条に、

五月七日、夜、南市新在家分小五月、猿楽等両三人、於若宮ヲキナ面如形シテ進御暇申テ退出、

「春日若宮神主祐松記」嘉元三年(一三〇五)二月十日、

次猿楽五座遊、若宮御前ニテ令遊、大社ニテハ聊カヒナサシ許仕了、

などあり、翁猿楽や、五座の立合猿楽も行なわれている。

このように、拝之舎は本来芸能を演ずる場所として建てられたものではないにもかかわらず、都度〳〵猿楽者の舞台として使用されており、須田敦夫氏はその著『日本劇場史の研究』の中で、平安時代の舞台について述べ、「明月記」などの文献史料を検討して、次の如く述べている。

当時の猿楽舞台は、正面一間側面の二間の矩形平面を有し、其の一側面に廂を附設してい

たと推定することができる。そして同舞台は竹柱を建て、松葉葺になっていたから、屋蓋は最も簡単な切妻造であり、かつ其の平面形式から推して妻入であったとも考えられる。(中略)春日若宮の庭上に建つ拝舎は、一間二間、単層、切妻造、檜皮葺で四面吹放であるが、近古以来同所に演能が行なわれ、同所を舞台と称した事実もある。このように、拝之舎の規模や構造形式機能や名称などは、前記の猿楽舞台と悉く符合するのであるが、両者の著しく相違するのは、拝舎の床が約尺角の四半数であるのに対して、前者は前記の所説から推察し得る如く床を張りかつ廂を附設した点である。

等々の幾つかの疑問点を述べてはいるが、その関係に注目している。

しかし、これら鎌倉期の猿楽の芸態が、世阿弥前後のそれと比較してあれこれ云えない現在、もう少し後の記録にあたり拝之舎演能を考えてみる必要がある。幸いに、具体的様相を記した古猿楽史料として知られる「貞和五年春日若宮臨時祭演能記」に、拝之舎で行なわれた猿楽能・田楽能の詳細が述べられている。

猿楽は巫女達により演じられたが、

……サテ若宮殿ノ拝之舎ヲ通ル、猿楽《サルガウ》ノ衆ハ拝殿エ入リテ、渡リ物過クレバ、猿楽衆ワ急ギ出立テ、猿楽ヲシラル、拝之舎ニテ、とありこの時の曲は「憲清ガ鳥羽殿ニテ十首ノ歌詠ミテアルトコロ」と「和泉式部ノ病ヲ紫式部ガ訪ライテアルトコロ」であった。一方、田楽衆は禰宜達がそれを勤め、

……若宮殿ノ御前ヲ過ギテ、三十八所御前迄マイル、コレニテ諸々ノ打習《ウチナラシ》ヲスル、ソレヨリ手水屋エ入リテ、モノヲ食《シタ》タメテ、ゴゼ達ノ猿楽スクレバ、若宮ノ経蔵ノ北裏エ寄合テ、北裏ヨリ打入ル、打入リノ後、楽頭《ガトウ》・幣持《ヘイモチ》ハ拝之舎ノ東裏ニ床子ニ尻ヲ掛ケナラヒテ入、田楽ワ拝之舎ノ北ノ面、南ノ面ヲ東カシラニ畳ヲ敷キナラフ、コノ畳ハ拝殿ノウスヘリ也、コセ達ノ敷カレタルヲヤカテ敷ク、

とあって、「舞」「立合ノ猿楽」「村上天皇ノ臣下ヲ使イニテ入唐サセ、琵琶ノ博士廉昭武ニ会イテ琵琶ノ三曲ヲ日本ニ伝エタル事」「斑足太子ノ猿楽ニ普明王ヲトリテアル事」などを演じている。

この記録によると、巫女猿楽は、拝殿（現在の神楽殿と思う）を楽屋とし、舞台である拝之舎に薄縁を敷いて演じており、田楽も、三十八ケ所明神前を練習所、手水屋を休所とし、経蔵（現在はないが）の北裏より打入っている。田楽能の演技は猿楽能同様に、拝之舎を舞台に畳（薄縁）を敷いている。

一方、毎年二月五日より行なわれている興福寺薪能は、猿楽者にとっても、又寺側にとって

も、若宮御祭と並ぶ大行事であったが、室町期においては、その次第は、五日、春日社頭に於ける咒師走り、六日より金春・金剛・観世・宝生の四座による南大門前の猿楽（薪能）、八日より一座ずつ春日拝之舎に於いて演能、残りの三座は南大門能、最後の一日に再び四座が揃って南大門で演能し打上げとしていた。この方式を原則として、様々な曲折や、座々の不参などはあったが連綿と続くのである。南大門に於ける演能については別に項を改めるが、春日若宮社頭能（拝之舎能）については、その実際に触れておきたい。既に竹内芳太郎氏『日本劇場図史』に若宮の図が載るが、新しい資料もあるので再度検討しておく。

今まで見てきた通り、春日若宮拝之舎は、演能の舞台として古くから重要な舞台であり、いまだ能舞台の定型が定まらぬ時代において、一方ならぬ影響力をもっていたと思われるが、その実際はいかなるものであったろうか。手元にある資料は、縮亀軒忘滴なる者が、貞享二年（一六八五）に東大寺秘蔵の諸本を集め「反古推」なる名を付けてまとめた十冊本の一冊である。室町末より江戸初期の東大寺、春日宮関係の諸行事の実際記録を多く集めている。拝之舎演能も、薪能などとともに詳細が載る。

一拝之屋（中略）

二月ニ四座ノ猿楽法楽ノ能一日宛アリ、前ニ若宮拝殿ヱ太夫与案内ヲイフ、其月ノ当番并

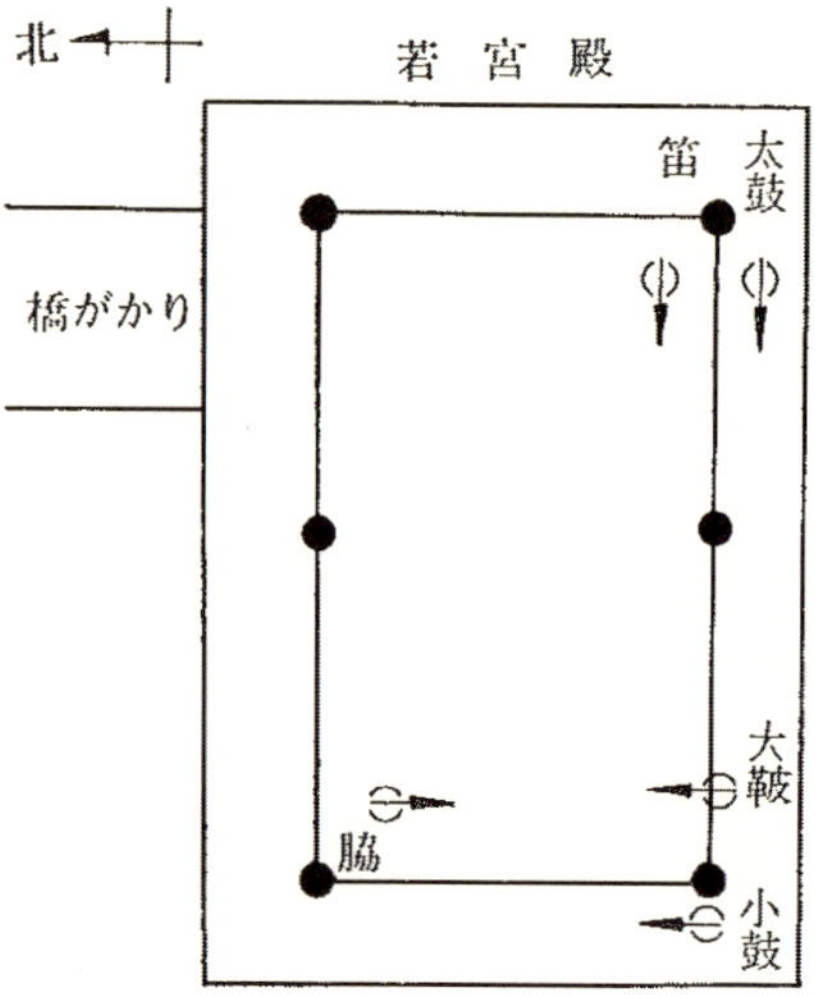

ニ常住五ケ屋悉籠ノ寺僧へ明日法楽ノ能有ル之ヨシ案内ヲイフ、若宮ノ神主へハ拝殿中ノ者案内ヲイフ、惣座中へ又神主与相触ル之ヲ、使ハ下部拝之屋北南一間半一尺余リカ、東西二間半一尺余リカ、西正面、但シ左リかまへの右正面といふ、舞台《ブタイ》ナルヨシ、

脇ハ拝ノ屋の内乾南向、鞁ハ南ノ方西ノ端ノ外、西ニ小鞁、東ニ大鞁、真中ニ柱、笛ハ巽角ノ内、太鼓ハ笛ノ次、南ノ方、土間、ニ西向、橋ガカリ南ヨリ、北ノ石壇ニ倉掛拝殿掃地ノ者ヲ前々与立来リタルヨシ、下ニ四五脚タツル、今迄ハ立テガチニシタルヲ今度三方ノ主典ニ被為仰付しよし、自一臈代出論講《ロンカフ》屋ニ両日共ニ一アリ寺僧替之赤、飯ニ酒、入麺ニ酒、一臈代ヨビ付用事ヲ申付ル神人ノ分不残一献有之、

この様子は江戸時代初期に書かれたものであるとはいえ、他の記録等から判断して、その内容は室町末期頃の模様を伝えていると思われる。大社のそれも特に大きい行事などでは、よほどの事がない限り伝承の方式を変えることはない。戦国時代に一時中絶の事はあったと云え、

この記録がほぼ当時の実際を述べたものと云って間違いあるまい。

記録によって図を書くと右図の如くなるが、これは今日の能における舞台とは相当な開きがある。神事能という関係上、後方に囃し方を並べられぬことなどもあろうが、詳細な検討を必要としよう。

今日復活している薪能に於いては、拝之舎の能を「御社上りの能」と称して、二日目の式として金春流が行なっている。その場合の演出は、手水屋を楽屋とし、橋がかりを南から付ける方式で演じている。が、これが何によったものか一度確かめてみようと思いつつ今にはたしていない。いずれにせよ、室町後期より江戸初期にかけての状態は、北に橋がかりを付け、楽屋にあたる部分は、鞍掛けと称して特設の仮屋を、北側の石垣によせて建てるならいであったようである。この鞍掛けは、本来馬の鞍をかけておく四足の台を云うが、それより転じて、室町末期には、野外で演ずる能の、能衆の休所を云い、臨時の鏡間的役割をもはたしていたと思われる。因に「多聞院日記」を見ると、文亀三年(一五〇三)二月五日条に、

薪在之用意、鞍懸今日ヨリ少々立之、取乱間自是ハ不立、

同じく文亀三年二月五日に、

薪付鞍懸直在之、

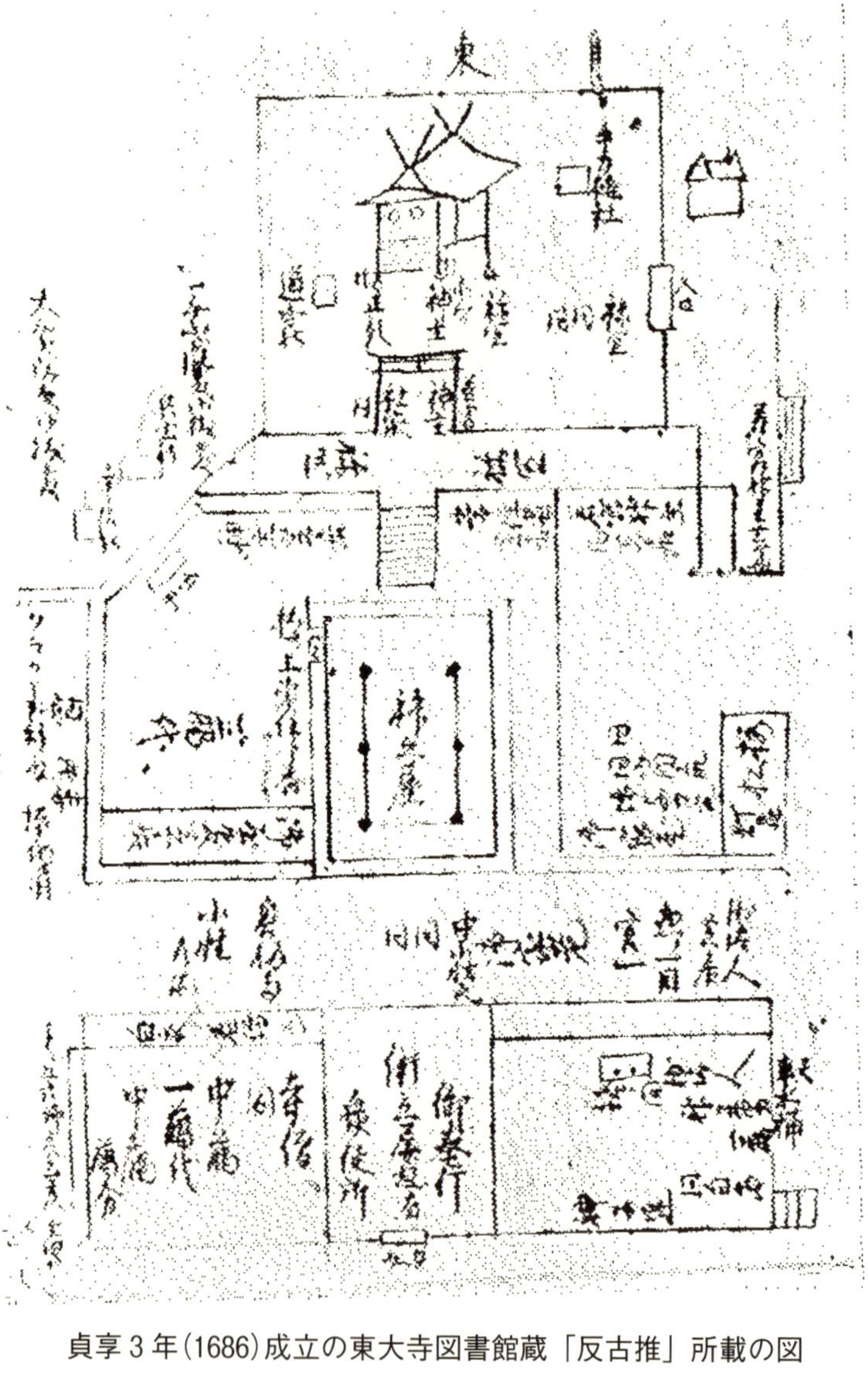

貞享３年(1686)成立の東大寺図書館蔵「反古推」所載の図

天正八年（一五八〇）二月五日には、

薪能俄可在通歟、入夜鞍懸立了、

などとある。また、天正五年十二月二十八日の条には、

寒風霰下、能一・二番如形在之、福五クラカケへ食籠・樽遣之、

とあり、春日若宮御祭の後宴能にも、鞍掛けが設けられたことがわかる。奈良の演能では、南大門前能、拝之舎能、若宮御旅所能などの野外神事能にこの鞍掛けは設けられているのであった。

歌謡の猿楽

千秋万歳が猿楽を演じた記録は既に正安三年(一三〇一)にある。「継塵記」正月五日の条に

巳刻参仙洞、今日千秋万歳被急之故也、未刻法皇渡御小御所、於前庭御覧之、猿楽三番了、

とあるが芸態の具体的な記述はない。獅子舞も猿楽を新春の寿事の一つとして演じていたことは、「祇園執行日記」康永二年(一三四三)の条にあり注目される。同じ春の祝言芸能として最も室町期に盛んであったのは、松拍《まつばやし》であるが、これも飾り物の風流や風流の拍《はやし》物などの他に猿楽を演じていた。室町も末期になり、四座猿楽の能が盛んになると、室町殿などでは観世太夫が松拍を勤め猿楽の能を演じるようになるが、手猿楽者の演じる松拍の猿楽は多く広義の猿楽であった。

猿楽が観阿・世阿の出現により、芸能界の中心的存在として、その芸態を定着させてから後は、唱門師等の寿師による猿楽もその姿を一定させていったであろうが、それ以前に彼等によって演じられていた猿楽と呼ばれる芸能の芸態は、決して我々が今日見る猿楽の能的要素の

芸能ばかりでなかったと思われる。それをもう一度考えてみる必要がある。

新春に推参する唱門師の芸の内、千秋万歳などは、言葉による祝言にその本来の意味があり、広い意味の歌謡と云えるその詞章を、口から発するところに呪術があったと思われる。

今日みる如き猿楽の能が、仮装性にその特色を持つとしたら、これから私の挙げる猿楽は能とは云えない。しかし、それか現在の如き能・狂言が、猿楽芸の代表となる迄に、生まれてそして消えていった一つの猿楽の芸態には違いない。

静岡県藤枝市滝沢八坂神社の「田遊び」中に残る「筏のさるがく」と呼ぶ一曲は、演劇と云うより新春に訪れる祝言者の歌謡に近い。言葉の呪術をもって一幅のめでたい情景を描こうとするのであるが、祝言者の歌謡よりも、より舞台的に構成され、演劇になる過程の姿を見せている。登場者一人一人が役をもち、登場の歌謡及び退場の歌謡があること、美しい歌謡を聞かせるという趣向のあることなど、これに仮装性と仕草・舞などが加わった姿を考えるまでもなく、能狂言に進むべき要素を多分に含んでいる。

演出は簡単なもので、白丁を着け、花笠を冠った四人の者が次々に出て、それぞれの詞章をうたうだけで、特に舞や動きはない。地元には天和三年（一六八三）の奥書きがある田遊び詞章の書き留めが残り、私は一度雑誌『田唄研究』六にその翻刻をしているので、此処では現在の演じ方を中心に記しておく。

（白丁を着けた男1舞処中央に進み）「あらあら、面白くも候、何を証文にお立ちある」「御用を証文に」「御用は何の御用」「天王の造営の為に、山々に入り材木を下さん」「あらあら、面白くも候、あら我のたんれんのともがない」（とここまで一人で唱う）。（次に男2が出て）男2〽春の野に霞の空を眺むれば、田毎に雲雀舞い遊ぶかな（と美しい節で歌い）男2「あらあら、面白くも候」、男1「何を証文にお立ちある」、男2「御用を証文に」、男1「御用は何の御用」、男2「天王の造営の為に、山々に入り材木を下さん」、男1「あらあら、面白くも候」、男2「あら、我のたんれんの友が無い」。（次に男3が進み、次の登場歌を美しく謡う）男3〽梅が枝に住める鶯心あれ、己が羽かげに宿る月を見よ、男3「あらあら、面白くも候」、男12「何を証文にお立ちある」、男3「御用を証文に」、男2「御用は何の御用」、男3「天王の造営の為に、山々に入り材木を下さん」、男12「あらあら、面白くも候」、男3「あら、我のたんれんのともがない」。（次に男4が舞処中央に出て、これで四人が二人ずつむかいあって並ぶ）男4〽住吉の松の木間より眺むれば、月落ちかかる淡路島かな。男4「あらあら、面白くも候」、男12 3「何を証文にお立ちある」、男4「御用を証文に」、男123「御用は何の御用」、男4

「天王の造営の為に、山々に入り材木を下さん」、男123「あらあら面白くも候」、男4「あら我のたんれんのともがない」。

（次に互に問答する）男12「さて御身はどの山」、男34「さて御身はどの山」、男1「宇津の山」、男34「さて御身はどの山」、男2「竜田山」、男12「さて御身はどの山」、男3「吉野山」、男12「さて御身はどの山」、男4「小幡山」、男12〽いざやさらば殿原にや。男34〽いざやさらば殿原にや。

全員〽宇都の山へ入れよ。〽宇都の山へは何十人、柳の筏組むならば、棹をば如何でさすべし（と美しくのべてうたう。再び「いざやさらば殿原にや」の掛合いがあって）全員〽竜田山へ入れよ。〽竜田山へは何十人、紅葉の筏組むならば、棹をば如何でさすべし。（同様に）〽吉野山へ入れよ。〽吉野山へは何十人、桜の筏組むならば、棹をば如何でさすべし。（同じく）〽小幡山へ入れよ。〽小幡山へは何十人、小松の筏組むならば、棹をば如何でさすべし。

（と四人が入る山を美しくうたって、次に調子を変えて、同じく四人で節面白く）全員〽山にまします山の神も、木の葉をしずめて聞こしめせ。

全員〽沢にまします沢の神も、滝をしずめて聞こしめせ。

全員〽河にましますす水神も、瀬鳴をしずめて聞こしめせ。
全員〽海にまします竜神も、浪をしすめて聞こしめせ。
全員〽近江のかみで見渡せば、荒瀬、亀山、小倉山、谷峯深きまき河の、いざいざさらばくださんと、
全員〽瀬々の井堰の浪枕、ふくまた河に宿る月も、沢に砕くる白浪も、いざいざさらばたくさんと、
全員〽山のさ前後に筏を下す末までも、守護神となり給え。
男１２〽花筏
男３４〽花筏
全員〽やうらやうらと静かにくだせ、瀬になりて早うくださん。
全員〽月は出でては西に行く。花は咲いては根に帰る。花もろともに散らんとよ。月もろともにいざいらん。（と舞処を去る）

以上が現在の演じ方であるが、明らかな誤伝があるように思う。はじめの四人の出は、男１にも登場の歌があったものと思うし、問答も別に咎め役があったと推測する（これは他の民俗芸能では見物の役とされていて、例えば遠山祭の「海道下り」など舞処に出てきた爺媼にまわ

りの衆が咎めてあれこれと質問する）。即ち、男が自分の登場歌で出ると、

咎役「あらあらと面白くも候、何を証文にお立ちある」

男１「御用を証文に」

咎役「御用は何の御用」

男１「天王の造営の為に山々に入り材木をくださん」

咎役「あらあら面白くも候」

男１「あら我のたんれんのともかない」

という問答で四人が順次登場したのであろう。しかし、見物の咎役が早く脱落して、今日の如く男１が問答を一人で唱えるような形に変わったものと思う。また次の「さて御身はどの山」も咎役の言葉で、四人の入る山が決ってからは歌になり、言葉の呪術をもってそれぞれの材木を筏として河に流す。最後に、退場の歌として、

〽花もろともに散らんよと、月もろともにいざいらん、

といって退場したものであろう。

この猿楽は登場歌、咎役との問答、歌謡による山入り、歌謡による筏下し、退場歌、という構成があることがわかる。登場歌が、猿楽の古風を残すといわれる山伏神楽や番楽などにもあ

る幕出し歌(現在の能では次第に当る)を思わせること、また登場歌——退場歌の関係が、風流踊歌の出羽——入羽の関係を思わせることなど、問題はいくつもあるが今は触れない。

この種の猿楽は実は滝沢にだけ残ったものではない。三信濃地方に伝わる田遊びや田楽という名で総称される祭礼に数カ所残っていたのである。静岡県磐田郡西神沢の阿弥陀堂で一月四日に行なわれる「おこない」に「御さるがく」の名で伝えられたものもそれであった。「歌は三十一文字の言の葉よ。書くばかり、読むばかり、読んだも書いたも同じ事、夫れよりも、天竺に池一つ候ひしが……」ではじまり「……抑も三人のくはだい衆は何が所望にて御立ちあって候か」と問う長い言葉がある。それに対し、「何が所望と申しても、先ず春の始めには弓矢にましての事はない」「弓矢を造るには鑿《のみ》、鋸、手斧、鉋も要り候」が、「鑿、鋸、手斧、鉋も要り候はぬ、扇拍子をどろどろと打って弓矢を造らばやと存じ候」と云って弓矢に関する古事をうたい並べ、最後に「月は出でても西へ行く、花は咲いても根へ皈る、いざさらば殿原、月もろともに入りなん、花もろともに散りなん」となる。同様な事を再度、今度は酒について繰り返す。その形式は滝沢ほどはっきりしていないが、言葉の綾や扇拍子をもって弓矢、酒をつくる趣向は、歌の綾をもって天王の造営の材木を下す趣向となんら変りはない。

愛知県北設楽郡東栄町古戸に、明治五年を最後に絶えた田楽能は、既に先人が注目して数種の翻刻もあるが（早川孝太郎氏『花祭後編』、志田延義氏『続日本歌謡集成』巻二）、その内の「四学」と「長生殿」は、やはり同じ趣向のものであった。「四学」は、宮人《みょうど》と呼ばれる四人のものが、一人ずつ春夏秋冬を受持ち、まず登場歌をうたって出てくる。例えば二番の夏の節の者は、

〽はるの野に　きじがほろゝ、とうつの宮
はうちやうごへの　たへる里かな

御前に罷り立つて候もの
何れのものとや思召され候
これは南国のものにて候が、南は夏の節にて候、四節のしきを、わすれじがためにとて、
ゐび笠をかざしにさし、ごゆわいの所望に罷立つてさふらふ、

四人が揃うと同音にて四季のめでたい事などをうたい、最後に、

いじやさらば殿原達の所に家をさづけて　まこやか方へと　かへりみぞよう　〱

といって幕屋（楽屋）へと入る。

「長生殿」もやはり宮人四人の出演で、まず一人ずつ登場歌があり、

（前略）清水の御前に長生殿を建ちやうづるにて候、
長生殿を立たせたまい候はば、大工や入候、人夫や入候、

て候、
大工も入候まじ、人夫も入候まじ、言葉の御きよくをもつて、長生殿は、建ちやうづるに
と、長生殿たつるにや、入ものわ〳〵という調子で、言葉の音曲(呪術)により長生殿を建
て、池を掘り、
小松三本さしうえて、あわれ長生殿がすがたかな、所に家をさづけ、まこや(幕屋)方へと、
かへり水よと、〳〵、
と云って終るものであった。
まさに滝沢の「筏の猿楽」や、西神沢の「御さるがく」と同趣向のものと断定してよいよう
に思う。これを演じる四人の宮人はもちろん仮装や特別な動きはない。ただ「四学」で、春夏
秋冬の四人がそれぞれに、
梅の花・ゑび笠・紅葉・雪の花をかざしにさし、御祝いの所望に罷立つて候、
と云って、暗示的に挿頭にして出たとも考えられるが、それとて猿楽能の仮装にはほど遠い。
いずれにせよ、滝沢・西神沢・古戸と、残存の民俗芸能やその資料をみていくと、おぼろげ
ではあるが、歌謡を主体とした猿楽、又は田楽の芸態が彷彿としてくるような気がする(資料
の内、私個人の判断で仮名を漢字に直した所が若干ある)。

猿の猿楽(猿舞の系譜) その一

(一)

散楽の芸態の内、その一つに猿の芸があったことは「信西古楽図」の中に描かれた〝猿楽通金輪〟と称する一曲の図により知ることが出来る。これは、二人の男がかつぐ金輪を猿が音楽の伴奏につれてくぐり抜ける所を描いたもので、演技もそれに準じたものであったらしく思われる。これを演じた猿は、大きさから考えて、実際の猿というより、人間が扮装したものであったと云う方が当っている。このように、散楽の演技の内に、猿の芸能があったということは、後の猿楽の歴史との関係において重要視され、小中村清矩博士以来、猿楽は散楽の転訛であり、それがただ音のみが転じたものでなく、散楽それ自体の内に、猿楽という文字を引き出す動機が含まれていたことの証拠として注目されてきている。

此の説は、山田孝雄博士の「信西古楽図解題」をはじめ、林屋辰三郎氏の諸著に展開する。林屋氏は『日本演劇の環境』(昭和二十二年)において「散楽と猿楽の関係は、従来単に音転として説明されてゐるが、平安朝の散楽雑戯の風姿を今日に伝える信西古楽図には、『猿楽通金輪』と題する猿芸を描いてゐる。恐らく日本の猿楽の言葉の起源はかゝる点に存するのであろう」と述べている。又、近著『中世芸能史の研究』においても、「猿楽通金輪」など猿の演技を含めた「散楽のなかのはなはだ印象的な曲目(猿による曲をさす)の略称が、しだいに散楽ぜんたいに拡張されて、猿楽という呼びならわしを生じた」と説いている。

この散楽における猿の芸能の系譜は、更に林屋氏の説がある。

相撲の節会に当って、承和の頃、左右近衛の人々によりさかんに散楽が行なわれた。その内、左舞の最後に、雑芸・猿楽等の名で散楽が行なわれているが、この「猿楽」は散楽の中の舞楽化されたもので、これまで雑然として上演されていた散楽とは異なり、立派に舞楽の一曲をなしていたところに特色がある。この場合、散楽のすべてが舞曲化されたわけではなく、従前の散楽と舞曲の猿楽が並行して行なわれていた、と説いている。このように並立的に考えられる散楽と猿楽が、具体的にどのような差異があったかというと、「雑秘別録」に、褌脱舞を「さるかう」といった点などより、舞曲化された「猿楽」の代表の一つが「猿楽通金輪」における猿のように、実際に猿に扮した褌脱舞であったろうと云う。従って、村上天皇の時の「散楽策問」にかかれた。

宣レ学二峡猿之奇態一、莫レ泥水鳥之陸歩一

という文を、現実に猿に扮した芸能者について述べたものであろうと考察して、能勢朝次博士の「よろしく衆人の歓迎する滑稽解頤の芸を学ぶべし」というほどの意味であるとする説に対している。又、天王寺の楽人に伝えられた「蘇莫者」は「龍鳴抄」に記されたところによると、

舞ノ躰、金色ナルサルノカタチナリ、ハチヲヒタリニモチタリ、キナルミノヲキタリ、

とあり、それが猿を象徴するかの如き舞容であることを指摘し、「猿楽」をこれらの如き猿の褌脱舞であったと肯定している。

羽田亨博士によると、褌脱とは、動物の骨肉を脱去し、皮を形のままに残した空虚の嚢状のものを呼んだ蒙古語、或はその類族語であり、褌脱舞は一種の褌脱を帽子として被って舞ったのに因んで起ったと説いていることからすると、猿の褌脱舞は、猿に実際に扮した者による舞であり、それが平安朝における舞楽化された「猿楽」であったということになるのである。

しかし、此の舞楽化された「猿楽」は、結局、舞楽としては固定することが出来ず、「舞楽要録」にも、寛治二年（一〇八八）以降は「散更《さるごう》」と書かれ、内容も、滑稽わざや雑芸的要素が中心に押し出され、猿を主体とした褌脱舞の系統はその主流から姿を消す。そして「猿楽」の文字は、「新猿楽記」等にみられる如き滑稽芸・雑芸などを指すように変質していくのである。

この「猿の褌脱舞」の系統はそれならば、以後断絶してしまったかと云えばそうではなく、田楽の脈を引く諸芸能や、滑稽芸の伝統を踏まえた狂言に残され、今日その姿をわずかではあるが留めている。

此処ではその系譜を考えてみることにしたい。

(二)

貞和五年(一三四九)六月、四条河原で行なわれた勧進田楽は、桟敷崩れの大田楽として『太平記』に詳しいが、この時の曲目の内に、「日吉山王ノ示現利生ノ新ナル猿楽」という一曲があった。田楽新座の八、九歳の小童が、猿に扮して、散楽風の演技を演じたらしいが、その最中に桟敷が崩れた為、詳しい描写がない。

斯ル処ニ新座ノ楽屋八、九歳ノ小童ニ猿ノ面ヲキセ、御幣ヲ差上テ、赤地ノ金襴ノ打懸ニ虎皮ノ連貫ヲ蹴開キ、小拍子ニ懸テ、紅緑ノソリ橋ヲ斜ニ踏デ出タリケルガ高欄ニ飛上リ、左へ回右へ曲り、抛返テハ上リタル在様、誠ニ此世ノ者トハ不見、忽ニ山王神託シテ、此奇瑞ヲ被示カト、感興身ニゾ余リケル。(古典文学大系本『太平記』)

と書かれており、猿の褌脱舞などと考えあわせた時、これは面形のみで猿に扮しているのではあるが、その芸は、散楽色の残る曲芸的なものであり、それを「猿楽」の名で呼んでいることが注目される。

「看聞御記」応永三十一年（一四二四）三月十一日の条には、猿に関する狂言の記事が記されている。これは御香宮祭礼猿楽に「公家疲労の事」を狂言した無礼に対し、同様なる例として挙げられたもので、具体的な芸態には触れてはいない。

……且有傍例於山門、猿楽猿事令狂言、仍山法師猿楽令刃傷云々、

もちろんこれは、利生新なる猿楽などではなく、皮肉を含んだ猿楽狂言であり、実際に猿に扮した者の出演があったであろうことは容易に想像出来る。この系列に属すると思われるものが今日の狂言にいくつか残されており、それについては後述する。

散楽色の芸を残す猿の芸能として、忘れてはならぬものに「壬生狂言」がある。壬生狂言が、今日見られる如き、能・狂言の影響を受けた無言劇風なものになったのは、正確な資料はないが、ほぼ室町末期から江戸初期にかけてだと思われる。しかし、それ以前に壬生狂言が行なわれていなかったのではなく、一段と古い形のものがあった。「実隆公記」文明十七年（一四八五）三月二十九日の条に、

晴、壬生猿楽云々、

とあり、三月二十九日と云えば、丁度大念仏の行なわれる時であり、それを壬生猿楽と書いていることは、大きな暗示として興味深い。

今日残る「壬生狂言図」として最も古い「宝永花洛細見図」を見ると、最初に猿の綱渡りがあり、桶取・朝比奈・釣狐・紅葉狩・湯立・餓鬼罪人・猿座頭・葵の上・縄綯・餓鬼責め、の一一番が載せられている。しかし延宝五年(一六七七)刊になる「出来斎京土産」には、

大念仏あり、閻魔・猿の蜘舞などいへる舞あり、

と記され、岡山美術館蔵の「洛中洛外図屛風」を見ると、壬生寺では、三匹の猿が本堂の梁に綱を渡し、吊りさがっている図を描いている。これらの資料以外にも、寺伝など壬生狂言に関する記事によれば、この狂言の最も大切な一曲は猿に扮した者の演ずる綱渡りであったことがわかる。壬生狂言研究家である田中緑紅氏も、その著『壬生大念仏狂言』(昭和二十九年)の中で、「最初は本堂の柱に綱を渡し、猿のヌイグルミを着て、猿の真似をして人を集め、融通念仏を始めた」のが壬生狂言のはじめではないかと説いている。

この壬生をはじめ、猿の芸能を伝えている所は多く日吉信仰と結びついている。古く日吉信仰には猿に関する民俗伝承があり、それに散楽系の猿の芸能がだぶって発達してきている。その為、猿の猿楽の系譜をたどるには当然日吉神社との関係を論ぜねばならぬのであるが、今は

触れぬこととしたい。

さて、今日行なわれている壬生狂言には、残念ながら肝心の「猿の綱渡り」は絶えて演じられぬ。しかしその伝統は「羅生門」「鵺」「蟹殿」等の曲に伝わり、特に「鵺」「蟹殿」の二曲は、猿面の者が活躍して、「猿の綱渡り」の姿を彷彿とさせる。猿の芸が、壬生狂言の代表であったもう一つの証拠として、赤鶴作と伝える面を挙げることが出来る。作者の真偽は別としても、その作は江戸期のものでなく、室町中期以前であることは間違いないものと思われる。この壬生大念仏における猿の綱渡りが、いつ頃から行なわれているものであるか確かな史料はない。ただ、猿楽能「熊坂」の中に、賊の名として壬生小猿という者が見える。「謡曲拾葉抄」には、この説明として（壬生狂言）に「猿の綱をわたる事あり、狂言あまたある中に、是を最上とす、これになぞらへて盗人の名を壬生小猿と呼なり」とあり、もしそれが当っていたとするなら、猿楽能「熊坂」は、能勢朝次博士の「謡曲作者考」では世阿弥作ともいえると述べており、確実な史料としては、永正十一年（一五一四）には演じられている。この能が出来た頃には、壬生狂言の猿の芸は著名なものであったと云うことが出来る。

以上の如く考えるなら、先に挙げた「実隆公記」の記事中の「壬生猿楽」も、この猿の演技を中心とした芸能に対する呼称であったと考えられるわけである。

此の壬生の猿の舞の芸態は、いかなるものであったかと云えば、前述の岡山美術館蔵「洛中洛外図」をはじめ、「壬生絵本扮戯尽」「京童」「宝永花洛細見図」などの図版により、その江戸期の姿だけはうかがえる。十文字に渡した二本綱の上での演技(「壬生絵本扮戯尽」、現存の諸曲等)、一本綱にぶらさがる芸(「洛中洛外図」)などで、現今の「蟹殿・羅生門」などを見ると、劇中の演出上の技法としてこの伝統を摂取し、独自のものにしている。

その他、江戸時代の猿の芸としては、「嬉遊笑覧」に、山王祭の練物に猿の〝つく舞〟があったことを載せている。〝つく舞〟は〝蜘蛛舞〟と同様、高柱に渡された綱上における曲芸で、多くの動物に扮した者が演じている。蜘蛛(ボストン美術館蔵や岡山美術館蔵の屛風絵)、蛙(茨城県龍ケ崎市や千葉県野田市の民俗芸能)、猪(高知県中村市の民俗芸能)などが知られている。「嬉遊笑覧」の記事も、このようなつく舞(つく舞・蜘蛛舞は、近世初期の見せ物として流行した)の芸能と、日吉神社の猿信仰と、もう一つ猿の曲芸の伝統が一つになったものと解釈出来る。

金閣寺僧が書き残した日記である「隔蓂記」寛永十三年(一六三六)正月五日の条には、

院参、初礼也、御謡初、渋谷太夫父子、御拍子五番、御拍子済、有猿舞并獅子舞、見物済退出、

とある。渋谷太夫は、中世から続く手猿楽者であり、これは院における年頭の「松囃子」の儀であるが、此処に見える猿舞が、手猿楽者衆により舞われたものであったとしたら、猿舞の系譜にとって貴重な資料である。しかし、別の賎民芸である本物の猿による「猿まわし」の芸であったことも十分考えられ、熟考せねばならない。

今日残る「狂言」で猿の出るものは三つある。「猿聟・猿座頭・靫猿」がそれであるが、ぬいぐるみの子方が演ずる「靫猿」は、別として他の二番は面のみで表現される。しかし、山形県東田川郡櫛引村黒川に残る「黒川能」においては、猿聟の猿は全部ぬいぐるみであった。

猿の猿楽（猿舞の系譜）　その二

先号で散楽の芸の一つに猿の芸能があり、それが猿の褌脱舞という形で舞楽化し、猿楽の名で呼ばれていたらしい事、またその芸脈が、人間が猿に扮する芸として、ほそぼそとではあるが伝えられ、その芸自体を「猿楽」の名で呼んでいることの例をたどった。

現在、わかる史料だけからでも、この猿の芸（猿の猿楽）の系統の特色には二つの流れがあり、一つは曲芸的要素（貞和五年（一三四九）勧進田楽、壬生狂言、猿のつく舞など）であり、もう一つは、滑稽技の要素（猿の事狂言、現行狂言）である。このことは、逆に猿に扮する芸能の母体が、散楽であったことの一つの証拠ともなるかと思われる。先にも述べた通り、我国での猿に関する芸能の研究は、日吉信仰および、在来の民俗信仰を考えねばならぬことは十分承知しているが、猿の芸能を大きく、実際の猿の芸と、人間の扮する猿の芸とに分けて考えた時、後者に散楽の、前者に在来民俗信仰の影をみてよいように思う。現行狂言「靫猿」の猿は、前者と後者がだぶった形とみたいのである。

（三）

現在残る民俗芸能の中にも、いくつかの人間が扮する猿の舞や芸が残されている。それらの芸態についても、少しく考えてみる必要がある。

静岡県磐田郡水窪町西浦の観音堂に、旧正月十八日に行なわれる芸能は「西浦の田楽」の名でよく知られている。これは、田遊びの要素が多い地能と、田楽能の面影を残すと云われるはね能に分けられて伝えているが、その地能の九番目に「猿舞」がある。地元では別名を「猿楽」とも呼び、滑稽要素を多分に含んだ注目すべき舞である。

西浦田楽の猿舞

まず、小袖・裁付・わらじばきに猿の面をつけた者（雄猿）が、背中に山仕事の道具（鋸・斧）をせおって、幕屋（まこや・楽屋）より出、楽堂と呼ばれる楽座の前にある舞庭に現われる。太鼓・笛の楽につれ、ゆっくり、両手を大きく輪にして腰を落す美しい振りで舞いつつ、順めぐりに舞庭をしばしめぐる。これは、今年切るべき木を定める所作という。途中、楽が変わると、斧を取り、研ぐ所作や、木を切る振りがパントマイムに演じられる。一方、赤い肩掛に頭をつつみ、腰に女陰を強調した形の木を吊るした雌猿が、両手に花の木と呼ばれる葉枝を打ちあわせ、見物の中をまわる。そのうち道具をしまった雄猿が、扇を開き声を出して雌猿を呼ぶと、二人ははじめて顔をあわせる。これより楽がとまり、二人の狂言風の即興問答がはじまる。雄猿が山で木を切る所に、女房の猿が昼食を届けに来た態で、花の木と扇を酒盃にみたて、ともに見物を笑わせつつ酒をくみかわし酔う。再び楽になり、相舞ののち、雌猿が先に引っ込んだ後も、なかなかと雄猿の舞が続く。

これは、次の〝ほだ引〟〝御船渡し〟等の演技に続く一連のもので、祭の場を照らす松明にする木を山から切る態の即興狂言なのであった。この猿の狂言を、特に「猿楽」の名で呼んでいるのは興味深い。

西浦より更に奥、長野県下伊那郡遠山村和田の十二月に演じられる霜月祭にも、やはり猿の舞がある。これもやはり「猿楽」の別名で呼ばれている。この祭は、「遠山祭」の名でしたしまれているが、猿舞はその後半に、赤色の筒袖に奴袴、灰白色の毛を被り、室町中期の作と伝える猿面(文政十三年(一八三〇)修理の銘有)をつけた一人舞として演じられる。

囃し方の謡う出し歌風の謡

〽此々はもとより伊勢の国での、とりねる姿はしよじの道なり、又は車に打乗りてわこうが方へと出にけり、

で、左手に扇、右手に幣を持って出、舞処の中央に据えられた釜のまわりを長々と舞う。振りは一方の膝を折りまげ、一方の脚を前へ伸して、右廻り左回転する巧みな腰付で、或は扇を翻し、四隅を軽やかに躍る。諧謔的な要素もあり、滑稽味のある振りが見物を沸きたたせる。釜のまわりを五度巡ると、再び、

〽やあらやら、うれしや、ありがたや、君もろともわれらまで、ごしやくが方へといりにけり、

という謡があり、神前にぬかづいて舞い納める。この舞は、最も難しいものとされ、軽やかなその動きに、『太平記』の「利生ノ新ナル猿楽」を思い起こさせる感もある。

出の歌・退出歌がついているのは、注目されてよい。

この系統と思われる「猿の舞」は、他に静岡県天竜市上阿多古村懐山の田楽舞や、同じく静岡県天竜市熊村西神沢の阿弥陀堂の田楽祭（おこないとも云う）にもあった。懐山は猿の面をつけた三人の者が、互にシラミを取りあうといった狂言風の滑稽技であり、西神沢も、小猿面・白猿楽面がある。

子供が舞う「猿舞」として特色のあるのは、静岡県島田市字東光寺の日吉神社の四月十四日に行なわれるもので、今日では、十二歳の者が、金紋の剣烏帽子を載き、褪紅の上布・紫色の指貫に猿面をつけてつとめるが、嘗っては、七、八歳の男児が、桃色の筒袖、こげ茶の股引に猿面で演じたと云う。舞は、拝殿前の一間四方の莫座に雌雄二匹の猿に扮した者が並び、まずともに舞い、次は雄のみが銀扇を活発に振って舞う。この扇の手が済むと、更に雌雄が、扇と御幣を採って古雅な振りでしばし舞う。囃しは、笛と太鼓で、全体の所要時間は二十分ほどのものである。

同じ静岡県でも、志太郡大井川町藤守の田遊びには「猿田楽」という曲がある。これはいわゆる田楽躍の印象を直似たものと云える躍りで、跳びはねて躍る青年達のうち、中心となる者の冠り物に、猿の面が付けられている。田楽躍を猿達がもどき風に演じているとみたい。

愛知県北設楽郡設楽町古戸の田楽は、明治五年に絶えたが、その中にも猿面の者は出た。総田楽九人躍の最初に「猿の餅搗」という曲がみえ、これは、猿面を冠った二人の者が臼を持出して餅の曲搗などを演じたという。肩車に乗って搗くという曲芸的要素もあったらしい。又、「手車」という曲では、猿囃し太郎という者が、猿面を付けた子供を肩車に乗せて現われ、宮人達の「ムツツクグノエコ〳〵」という囃しでからかわれたりくすぐられることなどがあったと云う。次の囃し言葉が残っている。

〽やごぜ松は松はただ、山下かげに下かげに月を待つより尚久し、げに女郎が鹿島に、まことの女郎が鹿島に、鹿島にはとまらで、鎌倉の鎌倉の、かへりのかさやにとまり候もの〳〵、こりや誰がてんぐるま、猿囃し太郎のてんぐるま、左から乗らうか、右から乗らうか、

茨城県久慈郡金砂の田楽は、江戸時代よりよく知られた地方芸能の一つであるが、その東金砂の薬師堂で行なわれる行事に四匹の小猿に扮した者が尉面のものとともに出る。祭壇の前にたかれた篝火の世話をはじめ、曲ごとの間におどけたり、舞を真似て愛敬を添えるなどして全体の進行を面白く運ぶ。

（四）

以上、民俗芸能の猿舞をいくつか並べると、その多くが田楽芸の中に残されていることに気づく。史料などをみても、猿の舞と田楽とはよほど関係が深いことが察せられる。これは田楽がその主要素の多くを散楽芸より受けついだことに関連していると思われ、散楽芸の一つとしての人間の扮する猿の芸（猿の褌脱舞）が、田楽の芸に結びついて伝承された径路は、おぼろげ

ながら頷けるように思われる。しかし、田楽の方から云えば、猿の舞は田楽芸の範疇でなく、猿楽の芸脈として受け取っていたこともまた充分頷けるのである。

云い変えれば、田楽関係の芸能に猿の舞が多く残されていると云うことは、人間の扮する猿の舞が、散楽芸の伝統を引くことのもう一つの証左ともなる。ただ民俗芸能の場合は、演技の熟練を必要とする曲芸要素は、伝承されにくく、壬生狂言・古戸田楽や遠山祭の一部に残されたにすぎず、多くは滑稽芸や、狂言風の演技や舞として伝承された。ただ、遠山祭や、島田の猿舞が、御幣と扇を採り物としている点は、「太平記」の「日吉山王ノ示現利生ノ新ナル猿楽」にも通じる特色で、しいては民俗信仰の猿の形にもつながる。

芸能以外にも、人間が猿に扮する事例は、群馬県利根郡片品村の祭に、猿に扮した者が装束をかついで宮の周囲を三度逃げ走るのを、櫃元・酒元が追いかける行事や、「日次紀事」の山王祭の記事に、江州膳所の人々が御供を献じる際に「祭日縛二船一艘一浮二湖上一奏二音楽一而献二供物一是謂二御供船一乗二其船一者多著二猿皮一象二猿面一猿因二日吉神之使令一也」という行事があるなども考えねばならぬが、それらについては小笠原恭子氏も触れており（『伝承文学研究』三号）、此処で問題としている散楽系の猿の舞とも直接関係せぬので今は触れない。

風流踊に道化役として出る猿の芸は、福島県双葉郡浪江町高瀬の獅子舞などに見られ、猿面に、黒の陣羽織、赤い股引、手に軍配団扇をもって、露払いや、獅子のもどきとして活躍する。これなど、散楽系の猿の滑稽伎と、初期歌舞伎に活躍した「猿若」の芸とが少しでも関係があるとするなら、その橋渡しとなるものであろう。

以上、民俗信仰としての猿の猿舞に対して、人間の扮する猿の舞の系譜について、簡単に述べてみたのである。

十二月往来の翁　その一

現在、「翁」の替の式として「法会の舞」「十二月往来」「父尉延命冠者」の各式が残されていることは周知のことである。その内「十二月往来」は、時折演じられることがあるにかかわらず、その研究はあまりされていない。この「翁」の替の式の最も大きな特色は、二人の翁が立合により舞うことと、十二ケ月の言い立てがあることであろう。しかし、現今残されている詞章が、どこまで古いものであるかは問題で、面をつけぬ観世流の演出も、ただちに古式を残すものとは断ぜられない。但し前記の二つの特色、即ち、「立合の型をとる事」「十二ケ月の言立を唱える事」は、やはり古い要素と思われるもので、それについて少しく触れ、資料のいくつかを出しておきたい。

（一）

私は観世流に残された実際の演技は見ていないのであるが、その詞章は、佐成謙太郎氏編

『謡曲大観』第一巻の「翁」に校異として収録され、また能楽書林刊の謡本にも解説と詞章が載る。それによると、翁が二人左右に並び、初日の式と同じ詞章を、始めの「とうとうたらり」は二人、「所千代まで」は左の翁、「鶴と亀との」は右の翁、「とうとうたらり」は二人、千歳が入り次の「総角や」は左、「やあ坐して」を右翁がそれぞれ謡い、次の地謡「参らうてんげりやとんどや」の後のところに、「十二月往来」独特の詞章を謡う。短いものなので『謡曲大観』より転載すると、

左「や、尉殿に申すべきことの候、右「そもやそも何条事にて候ぞ、左「か、るめでたきみぎんには十二月の往来こそめでたう候へ、右「それこそ尤もめでたう候へ、左「睦月の松の風、右「八紘の琴を調べたり、左「更衣の霞、右「天つ少女の羽衣よ、左「弥生の桃の花、右「三千年も猶栄ふる、左「卯月の橘は、右「常世の国も変らじ、左「皐月の菖蒲草、右「大御殿に葺いたり、左「水無月の氷は、右「聖の伝へなりける、左「文月の梶の葉は、右「幸をもとむる種とかや、左「葉月の月はそも、右「尽きせぬ秋と照らすなり、左「長月の菊の花、右「老いせぬ薬なるかも、左「神無月の竜胆草は、右「うち日さすなへゐまはし、左「霜月の梅の花、右「新嘗祭る心葉、左「師走のみ雪は、右「豊年しらす祥瑞、左「やあ千歳千歳、右「ちとせの千歳、左「やあ万歳万歳、右「よろづの万歳、左

「み足らはします、御貢の御宝、数へて参らん翁ども、以上の文句を加えるかわりに、初日の式の「松やさき、翁やさきに生まれけん」以下、「在原や、なぞの翁ども」までを省き、「そよや」以下の翁謡は二人で謡う。

これでみると、この「十二月往来」の立合の翁は、掛け合いによる祝句を謡いこんだもので、十二月それぞれに当てた当意即妙の秀句が、趣向となり、それが同時に一年を予祝する祝意になっているのである。

(二)

現在残された民俗芸能の中に、この「十二月往来」の翁を考える為の参考になると思われるものが三つある。

その一つは、興福寺薪能の神事に先立ち、春日大宮拝殿において行なわれる立合の翁舞である。これは一名「咒師走の翁」とも云われているもので、古くから興福寺薪能に入る前日に、猿楽四座の長が、春日大宮に奉納として演能していたものである。

この事が文献上に記された初見は、「春日神主祐春記」徳治二年(一三〇七)二月十一日の条で、

今日午刻薪猿楽等参遊、其故ハ夜陰如此物参遊事、狼藉之基也トテ日中ニ可参由、衆徒去

比下知之故也、

これだけでは、立合の翁を演じたかどうかは不明であるが、「春日神主師盛記」至徳二年（一三八五）二月四日に、

今日、薪猿楽社頭へ参候、……但スシヲバ不走也云々、修二月始行ノ時必々可令参懃之由、

中之云々、

とあり、スシを走らすことがあったことはわかる。この咒師を走らすということが、どうも四座立合の翁のことであったらしいと思われるのは、「大乗院寺社雑事記」文明十六年（一四八四）二月六日の条に、

二月五日於大宮殿拝屋辺、四座長共、色三番之儀有之、号咒師走也、

とあることや、「興福寺明王院記録写」にも、

二月五日、先大宮舞殿ニテ翁三番叟ヲ奏ス、是ヲ咒師走ト云、此事モイツ始トモ不知、

とあり、金春禅竹の「円満井座法式」には、更に詳しく、

南都薪の神事猿楽、二月の行、西金堂の手水屋の薪に付たる御神事法会也、二月二日の夜、西金堂より始む、同三日夜東金堂、五日は春日四所の御前にて、四の座の長、式三番を仕

る、

とある故である。しかし、四座の長立合の式三番を「咒師走」と呼ぶ証拠は、文明十三年までしか遡れぬのであり、至徳のスシバシリが、四座の長の立合式三番であったかどうかは疑問である。ただ云えることは、徳治二年には既に興福寺薪猿楽に先立つ、春日社前猿楽があり、至徳二年にはその芸がスシバシリと呼ばれる猿楽衆の芸で、文明十六年には、そのスシバシリは、四座の長により立合の翁三番叟であったということは確かなのである。

「翁」を立合で演ずることは、世阿弥の「申楽談儀」にも記されている。

榎並と世子、鹿苑院の御前にて立合せし時、翁に「そよや」と言ひてそと止めけるに、榎並いまだ舞けれ ば、笑ひける也、

これは二人の立合であるが、現行「十二月往来」式のものを演じたのであるかどうかはわからない。

又、慶長九年(一六〇四)に行なわれた豊国神社臨時祭は、その様子を描いた屏風が二双残されているので、具体的な有様がよくわかり芸能史研究の参考になるが、『続群書類従』に収められた「豊国大明神祭礼記」等の史料と照合してみると、その様子は一層具体化する。屏風絵の相方ともに猿楽は四人の翁の立合舞を描いており、これは、豊臣秀吉の死後、毎年四月十九

日には祭礼があり、その折、猿楽四座が参勤していた（「義演准后日記」による）ことから、その延長上のもの、即ち四座の長による立合の翁であったと思われる。この翁舞について、前記の記録には、

一度に四人面ヲ当、面箱も四ツ持て出、三ばそも四人舞也、大鼓四丁、小鼓十六張にて、搓出し打囃、天地も響渡り…

とあり、面を付けていたこと、三番叟も四人舞であったこと等注意を引く記載がのる（この点に関しては片桐登氏の論考あり）。この立合の翁は、当然春日社頭の「咒師走の翁」と、その芸態において関連があったと思われ、この絵は室町期の「咒師走の翁」を考える為の貴重なる資料である。

その後、観世座が、徳川氏の御抱能役者となってからは、四座の長、立合の翁も見られなくなり、春日神前の立合の翁も三座の立合となり、時としては金春一座のみで勤めていることもある。

現在も、演能は金春一座で（客演の形で他座も参加）、戦前までは興福寺南大門跡の「薪能」のみを二日間演じていたが、新しく多田侑史氏等の努力により、昭和二十一年より「咒師走りの翁」と「御社上りの能」が復興せられ、今では期日こそ五月十一日・十二日に変更されたが、

十一日の春日神前「咒師走りの翁」と、興福寺南大門跡の「薪能」、十二日が、春日若宮拝之舎における「御社上りの能」が演じられている。

この復興は、新しく発見された「幸王家文書」に基づいたもので、その文書中に、「十二月往来」の詞章の書留があり、この詞章が「咒師走りの翁」の折、演ぜられていたものであることも、同時に見つけられた金春安住の「書留帳」により明らかであるという。この両資料は年号はなく、その間の解説と詞章の翻刻は、雑誌『芸能復興』第一号に三隅治雄氏によりなされている。それによると「翁口伝　十二月往来」と表題する二人舞の時の詞章と、同じく一人舞の時の詞章があり、その文句も、現行観世流のものと大分に異なる。此処には重複をさける為に、その資料をもとにして今日金春が実際に演じているものを記してみる。詳細は私も記録があるが、野村和世氏に「春日神社御神事能について」(『日本文化研究所紀要』一五)があり便利である。

まず三人の翁(三座立合の名残り)が白装束にてワキ座より一翁(シテ)・二翁(ツレ)・三翁(ツレ)の順に地謡座にかけて座し、シテ翁以下三人座したまま「どうどうたらりたらりら　たらりららりら丶りどう」以下「たえずとうたり　ありう　どう〱」までを謡う。

途中、千歳ワキ座より立ち舞う。千歳が舞い終ると、翁三人は面をつけ、千歳ワキ座に着く

のを待ち　翁三人は座したまゝ「あげまきや　とんどや」、地謡「よばかりやとんどや」、翁三人は正面向き並び「座していたれども」、地謡「まいらうれんげりや　とんどや」で立拝して、二翁、三翁は角に出て一翁と向ひあう。

シテ翁「八重尉殿に申すべき事の候

ツレ翁二人「そもやそも何条事にて候ぞ

シテ翁「かゝる目出たきみぎんには　十二月の往来こそ目出度う候へ

ツレ翁「それこそ尤もめでたう候へ

シテ翁「正月の松の風、ツレ翁「君のことをしらべたり

シテ翁「二月のつはめ、ツレ翁「よわい〳〵をはやめたり

シテ翁「三月の霞、ツレ翁「四方の山にたなびく

シテ翁「四月のほとゝぎす、ツレ翁「所によきことをつげわたる

シテ翁「五月のあやめ草、ツレ翁「玉の御殿をふきかざる

シテ翁「六月の扇、ツレ翁「とくわかに風をいだす

シテ翁「七月の蟬の声、ツレ翁「はやしにうとうたり

シテ翁「八月のかりがね、ツレ翁「放生会にまいろう

シテ翁「九月の菊の酒、ツレ翁「ふろうほうやくのみくすりとなる
シテ翁「十月のしぐれ、ツレ翁「木の葉をそめたる（ふかめたる―小野氏）
シテ翁「十一月のあられ、ツレ翁「ふどうのしらげにことならず
シテ翁「十二月の氷、ツレ翁「ますかがみ
シテ翁「大にほつほう、ツレ翁「ならびにほつほう、シテ翁「ようがんみすい、ツレ翁「しまこんじき、シテ翁「十をとう、ツレ翁「百のひやく、シテ翁「千のせん、ツレ翁「万のまん
　此処にて二翁・三翁は元の位置に直り、
シテ翁「みたらわしします御調のたから
ツレ翁「かぞえてまいらせん　おきなども
地謡「あれはなじよのおきなども　そよやいづくのおきなども
シテ翁「そよや
　此処で翁舞となり、
シテ翁「千秋ばんぜいの喜びの舞なれば　一舞まおう万歳楽
地謡「万歳楽、三人「万歳楽、地謡「万歳楽

と謡い終り、面をとって、三番叟の舞となる。

その後に、千歳による「恵姫冠者」（延命冠者）の式、シテによる「父ノ尉」の式が付くが、今は略す。現在の演じ方と、「幸王家文書」との間にも若干の違いがあり、文書の方には、地謡の「まいろうれんげりや、とんどや」の次に、シテ翁「ちはやふる神のひこさの昔より久しかれとぞいわい」、地謡「そよやりちやとんどや」が入っており、翁舞の最後には、口中にて、シテ「長久円満息災延命今日の、御祈禱なり」と唱えるように記される。又、ツレ役の事を文書では「アト」と書くなど興味ある記載が多い。

十二月往来の翁　その二

(三)

長野県下伊那郡阿南町新野の伊豆神社に、一月十四日の夜を徹して行なわれる「雪まつり」は、早くから人の知る所となっているものであるが、この祭には、三通りの「翁」が現われて祝詞を唱える。翁・松影・しょうじっきりと地元の人々が呼ぶ翁達である。

そのうち特に三番目の〝しょうじっきり〟は別に「猿楽」の名でも呼ばれている。前二つの「翁」と「松影」が、神殿の階の上にのぼり、翁面・松影面を額にのせた演者達が、長々とそれぞれの語りをするのに対し、〝しょうじっきり〟は、階の下に敷かれた藁薦の上に立って、鈴と中啓を手に、周囲の見物衆から囃されつつ語るというくだけたものであった。

この〝しょうじっきり〟という名称が何を意味するかは不明であるが(近隣の芸能にも同名のものはない)、「翁」の範疇に入る芸能であることは確かで、地元の人々も、正式の「翁」や「松影」(これは附近の田楽系芸能に多くある)に対して、ずっと親近感のあるものとして受取っている。現在伝えられたこの詞章をみると、明らかに二つの部分に分けることが出来る。一つは「十二月の祝言葉」、もう一つが「翁の舅入りの語り」で、この後半は、三河花祭りの三番叟の詞章、古戸田楽の同じく三番叟等にみられる詞章の一部と同様なるものである。これは、伝承の途中、もしくは何かの事情で「十二月の祝言葉」に「三番叟詞章」がくっついたものと思われ（反対に十二月の言立てが入る方が古いとも考えられなくもないが）、その結合した必然性は慎重に考慮せねばならぬとしても、やはり別のものと考えた方がよいように思う。既に気付いていると思うが、民俗芸能に残る十二月往来の資料の二は、実は、この〝しょうじっきり〟の前半なのである。

因みに地元で年号のある最も古い文献、文久三年（一八六三）正月写「猿楽口伝、しょうじっきり」を見ると次の詞章が記されている。

朝日大将、立烏帽子の位して、日本の宝物、一つももらさず、かぞへて参らする翁にて候、むかしの翁と、今の翁と、どこやおとるべし、姿を見れば春の花、形を云ば秋の月、ほうほうまゆげにうすげしやう、じつばらとうの、ゆび迄も、るりをのべたる如し、こん性は嶋のむつくしぬの如し、目出度き事を申さふか、おかし事申そふか、おもしろい事を申さふか、喰ふ事を申さふか、元ざ(た)んの朝は、御そなへすへて、できたりや、三日びの朝は、餅をあぶつて、できたりや、七日の朝は、七草なづな、おかいをにて、できたりや、十一日朝は、御供餅開て、できたりや、十五日朝は、おかいをにて、できたりや、
二月つばめ、かねつけて、できたりや、
三月草の花餅、家こて(ごと)についてできたりや、
四月卯の花、くね(くに)ごて(ごと)に栄る、
五月せきしやうぶ、帯にまいて、できたりや、
六月きをん、小麦餅いりては、家ごてについて、できたりや、
七月七夕、壱年に壱度、よものすしやうをかりぎして、できたりや、
八月かりかね、八幡山に光りて、去年羽をぬきかいて、今年の羽を揃て、かねつけて、できたりや、
九月菊花、へいじにすへて、できたりや、
十月あられ、しらげのよねにたとへて、できたりや、
十一月湯立、家ごてにさいる、
十二月はてのをい、けいせい銭を、星よけにて(ほしょげにて)できたりや、

春しば小しばの、かやの元もゆするか、かしやげの娘、徳が付て、ゆするか、福か付て、
　ゆするか〳〵

この演じ方には一つの特色がある。それは「朝日大将」から「喰ふ事を申さふか」までは、〝しょうじっきりの翁〟一人が唱え事風に演ずるが、それ以後の十二月の言立ては、独特の節をつけて、見物衆と、掛け合いつつまた囃されつつ、閉じ扇を扇拍子にして、体を揺すり、いかにも楽しげに場を沸かして演じている。例えば、「二月つばめ」と拍子をつけて謡い出し、間を少し置いて「かねつけて」と付ける。すると、見物衆がほめ言葉風に「できたりやア〳〵」と囃すのである。これは、各月の事象に対して、当意即妙にめでたい秀句を付け、その付け具合を聞いて、周囲の見物がやんやと囃したてるという気分なのであった。その即妙の秀句に聞く者達の興味が集中し、同時に芸能としての面白さが生きていたものなのであろう。そしてそれが新年に唱えられる秀句であるだけに、一層に十二月の予祝としての寿ぎが意味あるものとなるのであった。

また、初めに宝かぞへをしようとする所のある事は、現行観世所伝「十二月往来」と考えあわせると、興味深いものとなる。

（四）

もう一つの民俗芸能は、厳密な意味で「十二月往来」と言えぬし、翁が唱えるものでもないのだが、やはり原型は、十二月の事象をめでたく言い納めたものであったと思われる。それは、春日若宮御祭に奉仕する本座・新座の田楽衆が伝承している「もどき開口」である。現在この田楽衆が伝える田楽の芸は、中門口・刀玉・高足等の残存と「もどき開口」と呼ばれる開口、そのもどき、立合舞のそれぞれを一つにした如き演技のみであるが、その系譜は正しく、かつ全盛を極めた田楽座の後裔である。この詞章は、早くから高野辰之博士などにより、田楽能の「二星」「菊水」「合浦」などとともに紹介されている（『歌舞音曲考説』『日本歌謡集成』巻五）。本文はさほど長いものでなく、伝承中の脱落・混合などがあり意味の通らぬ構成なので、仮に全体を八つに分けて記してみる。

①もうのみざりけり〳〵
まつた悦びを重ぬればア、とうもに目出度もうのみざりけり、ありう、どうどう、
②神明の徳外に彰し、雅楽を奏して万民鎮護の日を重ねる、仏法の声内に和かなり、高歌を
唱えて天下安寧の時に逢う、境勝れ地霊なる宮寺かな、
③水無月の名越しの祓する時は、けら腹立てば、つぐみ喜ぶと評定したり、

④水無月は遙かに過ぎたるは如何に、
⑤仔細なくンば語つて聞かせ申そう、
正月は睦月と祝ひ、二月は如月、三月弥生、四月卯月、五月皐月、六月は水無月と申し、目出度事は、御寺の繁昌、悪しき事は今来らぬ風の前の塵、他方世界へ、ぱつ〳〵と散り、何が悪き事の候、
⑥さァあらば立合を以つて、舞い終やようづるにて候、
⑦一段目出度う候、
⑧もうのみざりしや、たいこんぼうかあーみをおうろし、釣をたァれ、釣つたるは何にや、つりたるものは、えんじゆうと満珠と三つ山頂き、綱を如何にけふかり、あめたり、けふかり、東をみたれば、かのはーるのやしやァー、たるれば〳〵、四方の山辺に霞立ち、もうもういすとまた、
声聞けば、柳桜は春の花ァ、海には万劫亀住む、宝来、ほうちよう、延じゆうの三つ山程、いわひける、いわほになれたるその亀の、よはひをゆづるなる〳〵、
以上の如くである。田楽衆の人々の伝承によれば、右の詞章は、開口・もどき・立合の三つに分けられる（故伊藤磯十郎氏書留）そうで、その分け方は私にも一応妥当と思われるので、そ

れに従ってみると、②が開口、③から⑤がもどき、⑥以下が立合となる。

いずれにしても、詞章に脱落・混合のあることは確かであるが、②が「開口」の一節であろうことは他の開口詞章(多武峯・興福寺等の延年開口詞章)と考えあわせて穏当である。③は、けら(啄木鳥)・つぐみ(鶫)の名を織り込んでいる所より、延年の「開口」にみられる後半の秀句(開口は、漢語調の祝言部と、秀句による部分とに分けられる)、もしくは「当弁」に当る部分の如きものの一部が残ったものと思われる。④と⑤も③に連なる一節と思われ、④は問の部分、⑤はその答であろうが、脱落があるように思われその関連はわからない。

此処までの演じ方は、①は一﨟が中啓を持ち中央に進み出て謡い、②が三﨟の中央での演技、③は一﨟が再び中央に進み、④は三﨟が一歩進んで、⑤は一﨟と三﨟がむきあった型でそれぞれ唱えられる。

⑥以下の立合は、⑥は三﨟が、⑦は一﨟がむきあったまま問答として唱え、一度両人とも座に復して、改めて中啓を開き、神前に進み出て⑦を地謡(座に残った者全員)と共に謡いつつ簡単な振りをまじえて舞う。

この内、「十二月往来」に参考となるのは、⑤の部分、即ち「もどき」と称している所であり、六月までしかなく、またそれぞれに秀句はないが、これはおそらく伝承中におこった変化であり、その精神は他の「十二月往来」にみられるものと同様に考えて差支えないかと思う。私は、その部分が、「開口」に続く地元で「もどき」と称している部分にあることに注意を払っておきたいと思う。

（五）

以上四つの「十二月往来」を頭において、中世芸能を眺めた時、気のつくものに、延年に行なわれた「開口」の秀句と「当弁」がある。勿論、現在残されているそれ等の史料の中に、十二月を謡いこんだものがあるわけではない。しかし、延年における開口と当弁の関係、また当弁の演じ方の類型をたどってみると、そこには、すぐに結びつかぬとしても、同型の精神をもった芸能としての性格があるような気がしてくる。

延年の開口・当弁の記録は、「東大寺雑集録」巻三、西南院十講の条（文永五年（一二六八）から同十年までの記録）に、

論匠以後有延年、別当坊児二人出仕………開口猿楽親尊法師、先達中賢清・定春等答弁有之……

とあり、

仁治二年（一二四一）十月新熊野法務定親拝堂の時に行なわれた延年が「東大寺続要録」拝堂編に記されているが、その中に、

狂僧乗興廻雪秀句答弁之風情、

と出てくる。

「興福寺一乗院延慶三年記」（一三一〇）十二月二十四日の条に記された延年は詳細であるが、その中にも、

……次論匠開口須賀延禅殿、講衆等答弁、貞穀得業及独立了、次児舞了、次了仏開口、次各答弁、

「法隆寺嘉元記」正和五年（一三一六）九月二十九日の条にも、

東仮屋猿楽衆、定尊・長感（盛）開口、有玄・堯玄・尊祐風流在之、西仮屋猿楽衆、忍盛・善盛・善恵・繁尊開口・答弁、風流在之、

とあり、開口は一人、答弁は二人もしくは数人の猿楽衆（寺僧がそれに当る）が多く演じている。これについては『能楽源流考』に詳しい考察がある。その他、「法隆寺祈雨旧記」暦応三年（一三四〇）八月の条の記録に、

開口、覚寂房木ノ延年秀句也、……

「多聞院日記」永正二年（一五〇五）五月四日の条に、

……カイコ・春教房、タウヘン・三人道者

などあり、永享元年（一四二九）九月の「室町御殿翫延年日記」に記された開口良賢房、等の記録もうらづけとなる。

他にも人数等はなくとも、観応三年（一三五二）の周防仁平寺延年記録にある開口・答返、永享十二年、東大寺八幡宮延年記録にでる「……次開口、答弁」。文明十五年（一四八三）十二月十一日、「大乗院寺社雑事記」の「弘家・胤乗以上開口」、多武峯蓮華会延年式目に記された「開口当弁」、薬師寺円光大師行状画図翼讃巻九（元禄期）の延年記録に出る「開口・当弁」、日光山の延年記録（天文十年（一五四一）〜天和四年（一六八四））にある「開口」、美濃長滝寺慶安元年（一六四八）の修正延年幷祭礼次第の「開口・当弁」、元文四年（一七三九）興福寺延年御舞式の「開口と当弁」、安芸厳島神社の延年に記された「開口」（「厳島図絵」）などなど、開口・当弁は延年に欠かせぬものとなっている。現在民俗芸能としても、中尊寺白山宮祭礼にその名で残り、名称こそ違え、性格的に開口に当ると思われるものは数ケ所かぞえられる。

延年の開口・当弁の詞章が記録された台本は、開口が多武峯の十一篇をはじめ、多武峯別本・興福寺・円城寺など二十数篇、答弁が同じく多武峯・興福寺など九篇が残されている。それらの記録と諸々の史料を考えあわせると、延年開口は一人が立ちて、その延年の場に適した漢文脈のめでたい開口詞及び秀句を述べ、最後もきのきいた詞章で言い納めているのに対し、当弁は、二人がまたはそれ以上が出て、開口の秀句に即した当意即妙なる秀句・地口・掛け言葉を掛け合いに弁ずるもので、相当にくだけて面白く聞かせることを目的としている。参考の為、多武峯のものを一つ例にとる。

「開口鳥管絃之事」と題して開口の役が、目出度い開口詞並びに万の鳥共が集まり管絃歌舞等の遊興をする様を鳥名を織りこんでめでたく言い納めた後に、

当弁少々

○只今ノ管絃ニ羯鼓ノ役ハト申セハ、
　ホロホロ（珠鶏）ト打ツレテ出タ候、
○今夜ノ鳥ノ管絃ニカ、リノ役ワト申セハ、ヒタキ（鶲）カ罷出タ、
○鳥ノ管絃ノ拍子、ノアワヌハト申セハ、
　イスカ（鶍）ノハミ候、
○今ノ管絃ニイソギ罷出候テ、楽器ヲ忘テ、ヲソ（鷽）鳥ハウソヲフヰタ候、
○鳥ノ遊僧ノミメヨキワト申セ、

ケニ顔ヨトリ（貌佳鳥）ト申、

〇今ノ管絃ニ大コノ役ワト申セハ、

奥ノカモメ（鷗）ハ浪ノ大鼓ヲトウ〳〵ト打テ来タ候、

（中略）

〇抑カ様ニ万ノ鳥ノ参リ管絃ヲ奏スル事イカナル事ソト申候ヘハ、是コソ尤謂テ候ヘ、今夜来臨ノ諸衆ハ皆ウエミヌワシ（鷲）トホコリマシマサウスル謂レ候、

とめでたく謡ひ納めている。

私は長々と延年に行なわれる「開口・当弁」のことについて書いてみたが、それは、「十二月往来」という立合の翁の芸態を考える一つの参考となるのではないかと考えたからにほかならない。「十二月往来」にみられる十二ケ月の事象それぞれに対する当意即妙なる秀句は、延年の当弁における掛け合いの形式とどこか共通性があるように思われ、特に雪まつりの「できたりや〳〵」と囃すその囃し言葉が、その秀句に対するほめ言葉であったらしいだけに、一層それを感じるのである。しかし、当弁に異なる点は、それが「翁」として演じるという性格上、その地口の面白さで見物の腹をよじるより、十二月を寿ぎ祝う咒術に重点がかかっているのはしかたのないことである。ただ、その各月にあてた秀句が、的を射ているほど咒術が強いと考

えていたであろうことは言うまでもない。

このように考えてみた時、「翁」の替立式ということで伝承されている現今の「十二月往来の式」の一つの性格が、おぼろげながらわかって来るような気がするのである。即ち「十二月往来」は秀句猿楽の名残を留めたものではなかったろうか。

延年における「開口」に対して「当弁」の性格を考えて、「十二月往来」をみた時、現今の民俗芸能において「雪まつり」の〝しょうじっきり〟が、翁や松影に対してあること。また、春日御祭の田楽における「もどき開口」の開口に対するもどきなど大いに参考となろう。

以上は頭書した「十二月往来」の特色である「十二月の秀句」及び「立合による」という演じ方を、三番叟等のことは考慮せずあれこれ記してみた。延年の項は本田安次先生の御研究に負う所が多いことを御断りしておく。

追記
十二月の言立ては、他にも、長野県下伊那郡天龍村坂部の冬まつり中に、「海道下り」の餅搗き唄、同じく下伊那郡阿南町神原字向方の清め祭り中の「海道下り」の餅搗き唄があり、東北地方の霜月神楽の神歌に「月歌」が「正月ヨリ十二月迄ノ御神楽歌」として伝承されている。しかし、それらは、一年を寿ぐ呪術歌謡として性格は同質であるが、その芸能としての演出（私はこれを問題としている）において、猿楽のそれとははなはだ遠いようだ。

（『藝能』発表時の「追記」）

問う者・問われる者　その一

(一)上臈と道化

美しい上臈、もしくは若い女に、道化た者がまつわる芸態の芸能が、民俗芸能の中に分布していることは、既に先学達も気付き、指摘しているところである。天竜川の流域に残る古能を分類した本田安次博士は、その区分の一つに「上臈面と道化面と」という項を設け、芸態の似かよった幾つかを挙げて注意を促している(『翁そのほか』)。又、それを受けて後藤淑氏も、『能面史研究序説』の中で、女面を使用する古芸能を考察する手がかりとしてとりあげ、正応四年(一二九一)の年号がある奥州平泉中尊寺の若女面、及び諸方の類型面に注目し、それらがいずれも能面完成期以前の古い形式をもったものであることを指摘している。また、現今、中尊寺・毛越寺に残る若女面使用の芸能(延年中の若女舞)の芸態と同系列と思われるものが各地に現存し、それを集めて鳥瞰した時、いずれも確実に室町期迄は史料的にも遡れることを挙げて、それらの芸態がほぼ鎌倉期にまで遡らすことの出来る古猿楽の一形態ではなかろうかと結論付けている。仮面上・舞踊上から周到に考察した論であった。

私も、古猿楽の芸態が、民俗芸能中に残る最も顕著な例として、この「若女にからむ道化」の猿楽を挙げておきたかったが、先学の成果もあるので、それの紹介を兼ねて、芸態をより詳しく記し、それを発端として、「問う者と問われる者」との芸態に注目してみるつもりとする。

岩手県西磐井郡平泉町毛越寺に残る常行堂の摩多羅神祭は、修正会の一環として厳重に行なわれて来ている。その最後の夜に行なう延年は、田楽躍・若女舞・姥女舞・稚児舞・路舞・開口風の祝詞・稚児舞楽などをはじめ、最も古猿楽の面影を残すと思われる勅使舞（これについては稿を改める）、延年の名で称される能などが残され、古猿楽の芸態を考える宝庫となっている。延年と称す能は別として（これは日光山から移したとも云われる）、その他の諸芸能は、文献上でこそ室町期迄しか遡れぬが、いずれも平泉の繁栄期の面影を残していると云って過言ではない。勿論、芸態の伝承の限界はあるとしても、様式の伝承について、田楽躍のみを詳細に検討し、他資料と比較してみても、それは証することが出来た。同様の芸能を残す中尊寺白山宮所蔵の若女面が正応の年号を有することも、有力なる証拠となろう。

さて、若女舞は、毛越寺では一月二十日、中尊寺で五月四日にそれぞれ演じられ、毛越寺の伝承では、この舞は、昔、鎌倉より下った神子の舞容をうつしたものと伝え、坂東舞の別称がある。若女は金の折烏帽子に、鬘、振袖風の小袖、粟穂をあしらった舞衣を着し、右に鈴、左に開き扇を採って、静かに舞う。楽はなく、要所に鈴を上中下に三度振る音の印象的な古雅な振である。途中、烏帽子、大紋の直垂様の衣に、裁着、脚絆姿、尉面の禰宜と称する者が、幣を手にいつのまにか現われ、若女とは無関係に道化た、しかしひかえめな振であたりをまわる。別個の二つの振がかえって古雅な雰囲気で、独特な舞の世界が展開され、見る者を引きつける。ただ、最後に、次の問答があり、わずかに二人の世界が一つになるが、別に劇的発展があるわけではない。

禰宣　クワイ　イカナル宮社　ネキ　ハックリ　イカナル堂寺ニ　承仕アリシャウナウ
　　サイテセキシャウマシマス
若女　バン東ヨリ罷下リ　摩多羅神ノ御前ニテ　カイナゾヲ申ス　イカガクルシカラズソ
　　ツ
禰宜　ナフモサ
　　両人口中にて　八十世々ノ宮仕へ

年号ある面を有した中尊寺白山宮の若女舞は、若女の一人舞で、舞振や衣裳は毛越寺とたいした違いはないが、禰宜はからまない。他の芸能について比較してみても、毛越寺の方が、中尊寺より確かなる伝承で、古態を残しているようである。

三河の「花祭」にも、ミコと呼ばれる女郎面の者が出た。まずお伴と称する数人の道化が味噌棒や杓子をもって舞い、舞処をいいかげん沸かした頃に、裁着草鞋ばき、ユハギと称す上衣を着、男面をつけたヒノネギが現われ、五色の御幣を手に舞ったのち、村の代表者であり、祭りの責任者でもある禰宜役（あらため役とも称し、手に榊の小枝をもつ）と問答をする。次に、女郎面に瓔珞の冠、緋の袴（所により差異あり）を着たミコが静かに現われ、お伴達の滑稽な所作とは対称的な舞振で舞ったのちに、ヒノネギと同様にとがめ役と問答をする。お伴の道化達は、ヒノネギ・ミコともに同じであるが、塩吹・鼻垂し小僧などがヒノネギ、妊み女・おかめなどがミコのまわりに多くからむ。特にミコの場合は、旅の荷を負う者が従うことが多く注目される。その他、杖をついた爺、荷負いの婆の登場する所もある。咎め役との問答は、最初に身分が尋ねられ、次に御礼の事、次に分郡の言立てという祝詞風の祭文が唱えられる。

（肩をたゝいて）これこれお手前のような、商人かいせんともみえず、また乞食ともみえず、伊勢の梵天を見たような物を、ひん舁いで歩くこの街道、礼がなければ通さぬぞや、と、村の咎め役に呼びとめられて、驚き、身分を名乗り、祭りの人々に敬意を表わして、祓いの祭文を読み、舞を舞うというのが、一曲の趣向であり、また、大切なる順序でもあったのである。

花祭と同地方、三河の各地に残る田楽系の芸能にも、女郎面の出るものがある。愛知県北設楽郡設楽町黒倉の田楽では、松明を持った一の鍵取り(禰宜)が、松風丸と称する女郎面のミコを迎え、花祭の場合と同様の順序で由来を語らせ、榊・鈴・扇を採って舞うことがある。同じ北設楽郡田峯の田楽でも、朝田楽の一曲に、やはり女郎面の者が出る。敷かれた板戸を中心に、女郎面の者が先頭に全員が並んで、女郎は禰宜と問答をする。舞はなく道化役も出ないが、女郎が咎められて問答をする根跡を残して貴重である(但し、黒倉も田峯も、別の芸能である松景が女郎面の芸能に混入している)。

同じ田楽系の芸能でも、静岡県引佐郡引佐町渋川の寺野観音堂の女郎舞は、問答がなく、道化がからむのを特色とする。十三、四歳の男児が、赤い前掛に女郎面をつけ、右に鈴、左に扇をもって五方に舞い、その亭主と称する男や、道化面をつけ、頬被りをした間男という二、三人が、女郎に戯れかかって軽快に舞う。しかし、舞そのものは別個のもので、女郎は自身の振に専念する。

このように、問答は別として、女郎に道化がからむ舞は、天竜川上流の霜月の神楽や、大井川上流の神楽に多くみられる。

愛知県北設楽郡富山村大谷では、はじめ、シラミフクヒという半裸体の道化役が、見物衆をからかいつつ、尻を掻いたりなどし、ふざけている。そこに、おこそ頭巾、女面、振袖、白足袋の支度の女臈が、扇と榊と鈴を手に、静かに舞う。道化は別に関係なく別の所作をしつつやがて女臈が退場すると続いて入る。

山一つ越えた長野県下伊那郡天龍村坂部の冬祭では、道化を日月面と称し、頰かむり、襷がけで登場して、自由な振で、手を叩き、或は、跳びはねなどして勝手に、それでも五方を踏まえて舞う。女郎は、綿帽子・採紋付の振袖で、右に幣、左に半開きの扇を持って現われ、市神子の舞と称して五方に静かに舞う。日月面は、女郎（神子）に戯れなどするが、女郎は黙々と舞い、最後に日月面が女郎の肩に手をかけ、そのまま退場する。

静岡県志太郡東川根村田代のみさき神楽に出る女郎面も、やはり問答はないが、道化のからむ代表的な一つである。風呂敷に頭を包み、女面、振袖の女郎が、左に半開き扇、右に鈴をもって出ると、後に頰かむり、道化面、尻端折りした者が、股に陽物をつけて出て、静かな振で舞う女郎にからむ。女郎は別に相手にせず、自分の振を舞って入る。

以上並べた女郎と道化の諸芸能を整理すると、花祭のミコは、女郎にまつわる道化群と女郎と問答する禰宜(咎め役)という二つの要素がはっきり区別されて伝承され、毛越寺は、道化と禰宜の二者が兼ねられている。田峯・黒倉は禰宜との問答のみであり、寺野・大谷・坂部・田代は、問答がなく、道化のからみが強調されている。また女郎も、毛越寺・花祭・坂部がミコと伝え、その他も手に鈴や榊や御幣を持つことより、神子としての性格をもっていることが知れる。

美しい女性に道化がからむ芸能の形は、既に伎楽にみえる。呉女に懸想した外道崑崙のマラカタ舞など、直接の流れは別としても、発想は似たものである。美しい女臈(我国の芸能では神子に代表される)の舞を、道化た者が戯れ、或は邪魔をする。もしかするとこの発想はよほど深い奥を秘めているのかもしれない。神子は多く旅の者であり、それを咎める者は、土地のものである。邪魔をする道化達の位置は、毛越寺の禰宜が象徴しているように、やはり咎めと同じ側であり、同時に花祭のお伴が負っているように、ミコ側の従者でもあったのであろうか。

後藤淑氏が、詳細に考察し、女臈(神子)に道化がからむ芸能の芸態が、古猿楽(鎌倉時代のものと想定する)の様式の一つを残した資料と証したように、この古い猿楽芸の様式が母体となり、さまざまな型の芸能を生みだしていったと考えるのも、決して突飛すぎることでないように思う。現に、奥州に残る山伏神楽にも、美しい女郎に道化がからむ曲が幾つかある。「年寿」「帝童」などその代表であり、「年寿」では、道化は或は老人、或は若者として女郎にからみ、道化も、曲の登場人物の一環を荷負っている。しかし、道化としての精神は元のままに、頬かむり、道化面の姿は忘れない。女郎も道化に気を引かれることなく自己の振のみに専念することも変わらず、問答一切は胴（太鼓打）と、楽屋の語り方が引きうけている。一段と芸能化された姿とみたい。又、「蕨折」の一曲では単なる道化でも、間語り風のものでもなく、胴方との掛け合いにより、また直接物語の中に入って、狂言により過程を説明する役にまで進んでいる。しかし、それもあくまで女藺にからむ本来の姿を濃厚に残したままであるが。

近世初期の女歌舞伎に登場する猿若に関しては、それが能狂言とは無関係に、風流の躍りにでる狂言より発展したものであることが郡司正勝先生により考察されている（『かぶき様式と伝承』）。しかし、能狂言の伝統を遡らせて、固定化する以前の姿にまで考えをおよぼしてみた時、もう一度、考えなおしてみてもよいような気もする。今後の我々若い世代の研究課題であろうか。

現在の猿楽能では、能と狂言とは別の世界である。間狂言でさえ、直接に能のシテに狂言方がからむことはあまりない。私は此処に女郎（ミコ）にからむ道化方のあれこれを並べたてたが、古猿楽における狂言については別に稿を改めて、民俗芸能中に芸態をさがしてみるつもりにしているので、女郎舞の中でみられたもう一つの要素である咎め役との問答をもう少し考えることとして、次には女郎舞以外で、咎め役との対話がある民俗芸能をさぐってみるつもりとしたい。

問う者、問われる者　その二

(二)遠来者との問答

遠くの地から旅して来た者に、その土地の代表者がなにかと尋ねるというパターンの芸能が、民俗芸能に多くあることは、はやくから指摘されている。先号に挙げた女藺も結局はこのパターンの一つと見ることが出来、それは多く、鈴や榊を手にした巫女という姿で、ある時は供を従え、ある時は土地の道化にからまれて舞を舞い、代表者である禰宜や神主、或は道化などと問答をしている。しかし、このパターンの最も代表的な訪れ人は「翁」である。旅装束に身をかためた翁は、三河の花祭りをはじめ、三信遠地方の冬の民俗芸能にはかならず現われて長々と語りをする。もっとも翁でも、白式尉は花祭りにはなく、西浦・寺野・古戸・鳳来寺・黒沢・大林等の田楽や、新野の雪祭りに現われるだけで、問答というより、長々とした語りを一人で語ってしまう。しかし、平服の問い役とおぼしき者が傍らに出て囃子をしている所もあり(古戸・新野・黒沢)本来の面影が偲べる。また兵庫県加東郡社町上鴨川住吉神社の翁舞も、宝数えを含む古形を残したものであるが、翁が旅装束であること（脚絆、草鞋）、語りの間々に囃し言葉が入ることは、三信遠の田楽と同じことである。

問答する翁の最もよい例は、やはり花祭りの黒式尉であろう。ゆはぎと呼ぶ上布に裁付、草履ばきで供を連れず一人舞処に出て、左手にはヒイナと呼ぶ特殊な幣、右手には鈴を持って竈のまわりを五方に舞う。そこへ咎め役（多くもどきと呼ばれる）が出て、翁の肩をたたく。

やれ爺様毎年よくお出で下されありがたくござります、相もかわらずお壮健でお目出度う、と声かけられて、長々と即興を混じえた問答の中に、祭りを行なう各役に対するお礼を云い、次に自分の齢久しい証拠として、生まれた所の話、都入りの話、聟入りの話など身上話をして、最後を万歳楽で納め、

ひとつ囃して給え宮のさむろう

と云って舞に入るのである。

この詳細は、早川孝太郎氏の『花祭』をはじめ研究書も多いので今は触れぬが、先号の女﨟（巫女）と同様、訪れた者と村の咎め役との問答としては最もよくそのパターンを伝え、更にもう少し芸能化し、咎め役の禰宜が翁に芸能などを所望する下伊那郡坂部の冬祭りの翁などとと

もに、代表的なものといえる。
咎められるのが翁でなく、夫婦連れの爺婆である所もある。坂部・向方・新野や、上黒川・古真立の花祭りで云う「海道下り」、遠山祭りでは「神太夫」と呼ばれるのがそれである。伊勢参りをする爺婆が、途中関所で、悪役人（禰宜や見物人が扮する）に咎められ、問答の内に身のまわりの一切を剝ぎとられてしまうのは「神太夫」であり、反対に衣裳を禰宜に借りて身仕度を整えるのが「海道下り」の大要で、その趣向は逆であるが、旅する爺婆を土地の者が咎めて問答をし、それによって話が展開することに変りはない。
このパターンが更に芸能化したものに愛知県北設楽郡設楽町折立の参候祭がある。これは比較的近代に再編成されたものと思われるが、扮装した七福神が、はっきり村を祝福するという意識で舞処に現われ、神座に着座した村の咎め役と問答を交す。
〽かかる尊き神座へことすざまじきなりをして出でたる者は何者にて候
と尋ねると、
〽さん候、それがしは滝に住む大昭不動明王とは我ことなり、
〽明王さまの御持ちとなりし候は何にて候、
〽悪魔ごうふくを追い払う三けんの利剣と、悪魔をからめとるばくの縄にて候、

と述べて不動明王は五方にあたりを舞う。恵比須・毘沙門・大黒・弁財・布袋・寿老人など次々に現われる神々のその姿は、あまりにその意図が明確すぎて、新しい意識が表面にですぎてはいるが、翁や女藺や爺婆同様に、その源は古い信仰に基づくものに相違ない。

(三)服従者との問答

遠くから訪れ来た者との問答の他に、三信遠の民俗芸能には、もう一つ問答のパターンがある。それは服従者との問答と呼ぶことが出来るもので、このパターンは、来歴や資格を確認する問答ではなく、服従者へ服従の原因を再確認し、服従者であることを忘れさせぬ為にする問答と云うことが出来る。

遠来の訪れ人の呪術が偉力あるものであったように、服従者が行なう呪術もまた大いなる偉力を有していたものなのである。

新野の雪祭りの鬼は、村人から鬼様と呼ばれて、親しみの中にも畏敬されつつ迎えられる。赤い衣裳に全身を包み、綿を入れた太い襷で身体をしばりつけ、太郎(赤)・次郎(青)・三郎(黒)の順に庁屋(楽屋)を出る。大きくゆっくりした身振で、手にした斧や槌を打ちあわせつつ囃しに合わせてゆっくりと時間をかけて神前に進む。この持物を打ちあわせるのが鬼達の呪術で悪魔払いの法なのである。この鬼達の特徴は、一匹ずつに腰だきと呼ぶ者が付くことで、これは鬼達が神懸りした者である証拠である。雪祭りではこの腰だきはもう一つ神婆にも付くが、この本来の姿は、岡山県の備中神楽、島根県の大元神楽など、今日なお実際に神懸りを行なっている神楽にあり、神懸りした者があばれすぎないようにしっかり腰をおさえる役目である。

三匹の鬼は、庁屋より神前までの一〇メートル余の間を三三九度の作法に従って一時間もかかって進む。このことだけでも、それが呪術であることがわかる。神前まで来ると、そこには榊を持った神主がいて問答をする。

太郎〽ハアン〳〵〳〵〳〵、
神主〽何者だ、
鬼達〽何者とは愛宕山の大天狗、比叡山の小天狗、鞍馬山の四十八天狗の荒者だ、
神主〽何万歳経たる、
鬼達〽八万歳経たる、
神主〽神九善王十二善礼位是り、北方越後越中佐度島、衣裳着て寒くなし、物食てひたるくなし、富貴万福栄華島、
鬼達〽えやあら貴や教へやる参る、

結局、鬼達は言い負かされて帰って行く。指をくわえて帰る鬼をみて、村人は当然の如く「鬼様負けてお帰りだ」と囃して送る。

長い道振りの間に斧と槌を打ちあわせることの信仰的意味と、村の神主との問答に言い負かされて逃げ帰るという演出の、毎年の繰り返しが、この鬼の大いなる意図であり、子供達さえが、いかつい鬼達の出現を少しも恐れない理由なのである。鬼様と親しみを込めた尊称は、既に服従することを知っていた者達の愛憐をこめた気安さなのである。この敗北を見せる鬼達の口に朝日があたると祭りは完成すると伝えた村の口伝は、この毎年の祭礼において、敗北をみせる鬼達と神主との問答がいかに大切であったかを物語っている。

遠州西浦の田楽でも、その最後に番外として行なうしずめが、この鬼と同様の意味をもっている。しかし、そのしずめ、別称鬼の唐舞に対する村人の態度は、雪祭りのそれとは少し異なる。この時ばかりは舞処には絶対に人を入れず、祭りに携わる者全体が、極度に緊張してことにあたる。確かにこの西浦の鬼も破れて追い帰されるのであるが、雪祭りの如くそれは絶対的に約束されたものではない。もしかしたら、反対にこちらが負けてしまう危険と背中あわせの不安が、まだまだ村人に極度の緊張感をかりたてるのである。しかしそれがなれあいでないだけに、鬼の悪霊に対する偉力は大きい。

人を絶対に入れぬ舞処を、鬼面を持った別当が出て、楽堂を正面に座して面をつける。修験者が見せる如き呪術を真剣に行ない、口中にて秘伝の呪言を唱える。これが雪祭りで鬼が槌と斧を合わせたと同様な悪霊払いの、服従者が行なう重要な、しかし偉力ある呪術なのであろう。それが済むと、楽堂に立った咎め役が扇を前に出して、

毘沙門のいでさせたもう所、なんじは来まいものだぞ（鬼は苦しそうにウォーッと叫ぶ）、何しに来た、烏の頭が白くなるとも、枯木に花が咲くとも、岩に花が咲くとも、なんじは来まいものだぞ、それならば、一ちくとってもとの本郷へ帰れ、

と大声で云う。鬼は数度苦しげに「ウォーッ」と叫んで、再び呪言を唱え、手を後手に取られて、後向きのまま幕屋（楽屋）に帰って行く。

西浦はいまだ信仰面の大きく残されている例であるが、このパターンの芸能としての面が大きくクローズアップされた所（と云っても信仰的要素も強い）に、花祭りの榊鬼と、冬祭りの鬼神面の舞がある。

後者の冬祭りの鬼は、雪祭りのそれに近く、ただ持物が斧や槌でなく、鬼神棒と称す杖で、床をはげしくたたいて暴れまわり、禰宜との問答も長く、問答で負けた後、禰宜と組み合いをはじめ、鬼神棒をとられてしまうなどなかなか活潑な動きがある。また一度に三匹が出るので

見せている。

はなく、鬼神・天公鬼・青公鬼とそれぞれが同様な問答を繰り返すなど、時間をかけて面白く

花祭りの榊鬼は、この祭りの一つのクライマックスであることからもわかる通り、花祭りでは大切な舞である。花祭りは榊鬼以外にも多くの鬼が出て何回も複演出があるが、鬼の呪術の部分が様々に分散して繰り返されるのであって、結局の所、この榊鬼の問答とその一連の行事が中心をなすと言える。榊鬼は鉞を杖につき竃のまわりを五方に舞い、神座を覗くなど、激しく威たけだかな振りであたりを踏みまわる。そこに現われた改め役が、榊の小枝で鬼の肩をたたき、雪祭りの鬼と同様の問答をして、

榊鬼〽八万歳経たらう者、さういふ汝は何万歳を経たらう者、

改め役〽王は九善、神は十善、十二万歳経たらう神の位、

榊鬼〽四万歳まけて候、

と驚くと、改め役が榊を出し、

〽真信行の為なら引かれる、信行の為でなくば引かれまい、碌を引いて帰れ、

と言われて、榊鬼と改め役は榊の引き合いをする。結局榊鬼は手をはらし、直ちに反閇に移る。この敗けた鬼の反閇こそが最も威力ある兕術なのである。病人がこの榊鬼に患部を踏んでもら

うこともあるという。

私は三信遠地方の芸能を中心に、問答というパターンをいくつか拾ったが、それが二系列とも、問う者が地元の代表者であり、問われる者が、遠来の訪れ人や、敗北の予定された服従者であったのは興味あることである。勿論民俗芸能における問答のパターンがこればかりであるとは思わない。しかしこの二つのパターンが三信遠地方だけでなくあちこちでも拾えることもまた事実である。

翻って、現在の猿楽能の内、複式構造をもつ二段組織の能において、問う者と問われる者を考えた時、問う者はワキであり、問われる者は前段のシテであることは言うまでもない。しかし、問われるシテは遠来の訪れ人でもなければ、服従者でもない。またワキとてその土地の代表者ではない。そればかりか、問うワキこそ、遠くより旅して来た者であり、問われる里人こそ、その土地の代表者なのである。なぜ問う者が旅を必要とし、問われる者が土地の者でなければならぬのか。

現存する民俗芸能のパターンのみでは、現在の能の形は説明出来ない。そこには中世期にいたる所で見られた神懸りの研究や、別系統の芸能資料が研究介入されなければならない。だからと言って、三信遠に残された問う者と問われる者との関係がまったく無関係とも思われない。鍵さえ合えばいつでもひっくりかえって説明のつくのが芸能史であり、民俗芸能であろう。

狂言能の展開　その一

(一)

狂言の歴史を考察した論文はそう多くない。猿楽能以上に猿楽本来の芸脈を引いていると思われるはずの狂言の、その発生、展開過程が研究されぬ理由は、狂言の歴史についての興味が一般に薄かったとみるのは的がはずれている。研究に必要な史料が、その歴史を跡づけるにたる材料があまりに少ないと言うのが実情なのであろう。

猿楽能に比べて、なぜ史料が乏しいのであろうか。それは、猿楽能における観阿弥・世阿弥の如くとびぬけた意識の持主が狂言に出現しなかったことや、宗教的性格とはほど遠い日常性豊かな演劇であったこと、並びに芸能のパトロンとしての為政者との利害がかならずしも一致しない演劇であったことも挙げられようが、狂言が猿楽能ほどに、きわだって、芸能としての別世界を築いていなかったと言うことが第一の理由であろう。いや、芸能としての世界を築いていないというのは間違いで、狂言があまりに生々しい芸能として常に生活の中に生き続けていたと言うべきかもしれない。時間・空間を超越した芸能のみが創り出せる世界に、独自な展開をみせた当時の諸芸能に対し、後に狂言の名で固定する芸能は、当時の人間の生活感情の生な起伏をもち続けていたと云うことなのである。

実は、この流動性こそ、芸能としてのある意味での生命であり、ある時代の芸能の本当の意味での姿をさぐる為には、最も注意せねばならぬはずのものなのである。しかし、今日に記録を残し得た階級の者達にとって、残念なことに、あまりに生すぎる芸能や、即興的な風刺ある芸能は、芸術性の高いものでも、記録に留めおくに価値あるものでもなかったようで、その場限りの笑いに終ってしまった場合が多かったものと思われる。そんなわけで、中世芸能中最もその生活を反映させた芸能と思われる狂言は、その流動性がおさまり、題材としての実感がある程度の洗練を経なければ詳しい記録が現われないのである。

これまでの狂言研究は、その大部分が今日に残された狂言を絶対的なテキストとして考察されている。これは確かにある意味では正しい。現今残された芸態及び台本を無視して、狂言の研究は出来得ない。しかし、現行狂言の姿が、そのまま中世期に於ける狂言の姿かどうかは疑ってみる必要が充分にある。特に狂言は、それが中世末期、いや近世初期までも生きた芸能として流動性が多分にあったものであり、また、時代・観客・場所などあらゆる要素に敏感に反応しつつ育てられたものと思われるだけに、現在残されている姿は、ある時代のある層・ある場所で好まれ、多く演じられたものが多く定着した姿である可能性は充分にある。それを唯一の材料とし、そこから演繹して中世期すべての狂言を考えることは充分に注意してかからねばならない。

(二)

狂言の生命は本来その即興性にあったと思われる。それがいつどのような形で定着していったかは先人の研究がある。小山弘志氏の「狂言の変遷」(『文学』二四―七)が最も要を得ているので引かせて戴くと、

一、成立・流動期　十四世紀半ば―十六世紀半ば(天文頃)までの二百年
二、筋書・台本定着期　十六世紀半ば―十七世紀半ば(寛永頃)までの百年
三、台本固定・伝承期　十七世紀半ば―現代までの三百年

と分類し、それぞれの区分について細かい論証を試みて整理をしている。

二・三については、それぞれの専門家が個々の面から詳細なる検討を加えているので今は触れない。しかし、我々が最も興味ある一の流動期については、前述したような事情があって、

論文もそう多くない。

戦後逸早く、芸能成立・発展の基盤という問題に着目したのは林屋辰三郎氏(『日本演劇の環境』)であったが、それに前後して狂言に焦点をあわせて発成基盤を論じた松本新八郎氏の「狂言の面影」(『文学』一六―四)、「狂言における都市と農村」(『文学』一六―一二)は芸能史研究に大きな刺激となった。田中允氏の「狂言の源流」(『国語と国文学』昭和二八・二)、林屋辰三郎氏「中世芸能の社会的基盤」(『文学』一六―一二)、同「狂言に現われた中世的人間像」(『中世文化の基調』所収)等の諸論は、狂言を、それを生んだ環境の検討より論じて著しい成果をあげている。これらの論文に立脚して、小山弘志氏が「狂言の演戯性」(『国語国文』二二―一〇)を発表し、一応の整理をつけた上で、狂言の性格面よりその発展過程を論じ、すぐれた見解を述べている。又、北川忠彦氏は「狂言能の形成」(『国語国文』二八―一二)において、狂言の発達を田楽芸との関連において捉えて、狂言の歴史の研究に一つの方向を示された。

これら諸先学の論を踏まえた上で、今日残る民俗芸能をながめた時、その資料の内に思いあたるものがないかどうかと思い、狂言の項を立てて私なりに考えてみたいと思う。

（三）

松本氏や林屋氏は、歴史学者の立場より、狂言を生んだ社会的基盤に注目し、現行狂言の素材面を、社会歴史的立場に立脚して検討した上で、「南北朝内乱が生み出した大衆的演芸の発展したもの」であり、「封建革命後の高揚期に」狂言の原型が農民自身のよろこびの言葉としてつくりだされたものであると結論づけた(以上松本氏)。それに対し林屋氏は、狂言は農民的立場に立つというより、支配者階級に対する被支配者階級としての下層武士階級の立場に立つもので、これが階級的農民の立場にも、更には市民の立場にも相通ずるものであったと修正をしている。

狂言ももとは能と共に猿楽の中から分化したものであるという前提のもとに、「そうしてこのような未分化の猿楽の演ぜられていたのは、鎌倉時代の農村生活のなかに於いてであって、農村の鎮守社を中心にいわゆる猿楽の座が結ばれて」いた。このように「農村のなかで育てられた猿楽の分化がすすんでくる。すなわち猿楽のなかの象徴的な歌舞的要素は能として成長し、やがて独立した楽劇となつて、さらに観阿弥・世阿弥などの出現とともに室町幕府の式楽化し、主として守護大名などやそれをめぐる上層の武士階級に受容れられて行った」、「之に対して猿楽のなかの現実的な対話的要素は、ここに云う狂言となって」、「近畿農村に於ける下層武士階級・名主の一部を含めて主として下人層を主体としてその成長を遂げるとともに都会へと浸潤したものである」と説く林屋氏は、能・狂言の両者は同源であるとし、更にその分化した観客層の異なる二つの芸能は、勧進興行という中世独自の興行形体により「桟敷の観客は公武の貴族に限られていても、芝居には多数の市民が集まったのである。そこに能と狂言という二つの相対する性格をもつ芸能が交互に上演せられねばならぬ理由がある」として、能及び狂言の発展過程を明確に説明している。

一方、北川氏は狂言が田楽と関係あるとする立場より「猿楽能と狂言能とはどちらも民間の即興的な滑稽演技から発展して来たという点が共通しているだけで、形成の上からは一応系統を分けて考えるべきではないか」と説き、狂言と能が交互上演される以前に、狂言は田楽能と併演されていたと論じる。

北川氏の論は後に検討するとして、林屋氏に代表される説は、狂言の発生・展開を、歴史という大きな動きの内で捉えた時、一つの流れとして大きな誤りはないものと思う。しかし、狂言という芸能の一つの身上が、即興性であったことを考えた時、今日残る狂言台本を直ちに、中世期における狂言の傾向をそのまま発展せしめたものと断ずることは危険とせねばならない。今日のそれは、定着期における支持層の好尚が参画し、その期までたまたま生命を保ち得たものが、より洗練されて残されたものであり、定着期の支持層と流動期のそれとは決して一つのものではない。

(四)

我国の演劇の構造が多く複式構造を持つ場合があることは、折口信夫博士の諸論に早くから指摘されている。歌舞伎劇の方からも、郡司正勝先生が「時代・世話の複式構造について」(『綜合世界文芸』XIV、後に『かぶきの発想』に収録)という論文において、時代物と世話物との関係について触れ、本来世話物的現代劇であったかぶきが、浄るり物の影響下に成立した時代物の出現により、二元の構造を確立する。これは日本芸能の構成、或は日本芸術がもつ宿命的な流れで構造であるとして、神楽・能と狂言などについてその構造論を述べている。折口博士が「もどき」の名で論じ、郡司先生も宿命的とまで言われたこの日本芸能のもつ複式構造を、私は「つなぎ」の芸という観点から少しく踏み入り、狂言能の発生展開を考えてみたいと思う。

先学も指摘した如く、日本芸能の複式構造は、既に御神楽にみられる。宮庭において行なわれる次第に従えば、「庭燎」「阿知女」の序の部分に続いて行なわれる「採物の部」を中心とする神事と、「前張」を中心にする後宴の関係がそれである。前段の採物は、榊・幣・杖など神の代である採り物をほめ歌によって清める神楽における最も大切な神事要素であるが、後段の「大前張」「小前張」「雑歌」はそれに対する余興的な部分で、一種の芸能づくしである。この二段構成は御神楽ばかりでなく、出雲流の神楽と呼ばれる里神楽においても、七座の神事と称する清めの舞と、後の神能と呼ぶ芸能的要素の濃い自由な舞がはっきりした複式構造で今日諸方に残されている。

しかし御神楽においては、余興的芸能づくしであるべき後宴が、本来のその性格を忘れ、儀式化・様式化して神事との対比を薄くして固定化してくると、複式構造を欲求する自然の法則が、新しい構造を創り出す。採物の部と大前張の中間に、この両者をつなぐ新しい余興的芸能づくしが考えられ、本来その性格をおびていたはずの後宴が、儀式化された後半の行事として固定化する。

この前段と後段のつなぎの要素(この時、酒が一巡)、即ち複式構造の前段に対する新しい余興的要素として挿入されもてはやされたのが、当時流行の散楽、すなわち「さるごう」なのである。「江家次第」はこの部分を、

次盃酌一巡如前、訖人長起召才男、頭一人、殿上人一両人、殿上召人地下召人等各一両人、其人或至庭火前揖退、或追続人長両三歩進、上古多後人長、或又有奉仕散楽之者、

と記す。人長に召されて出る才男こそ、「堀川院の御とき、内侍所の御神楽の夜、仰にて、今夜めづらしからん事つかうまつれ」と召された「世になき程のさるかく」者たる家綱・行綱の兄弟の陪従であり、彼等の演じた猿楽は「宇治拾遺物語」に詳しく記された如く、即興の滑稽わざをして、人々の頤を解くものであったのである。

日本演劇の複式構造は、近世中期以後の歌舞伎劇になると、前段と後段がはっきり独立し、それぞれが持つ宿命的性格の中で確固たる位置と様式を築く。それ以前においては、この関係は決して対等のものでなかった。前段を本芸とするなら、後段はあくまで様式の固定しない自由の気分が残った即興的性格のものであったように思う。御神楽において、前段の採物に対する後宴が、本来、民謡や、はやり歌を機智ある掛合いでうたった砕けたものであったように。又、後宴が様式化してその位置を譲ったさるがくが即興芸であった如く。

このことは御神楽についてのみならず、平曲・延年など日本芸能の多くについても言える。それらについてもう少し詳しく考えた上で、つなぎの芸の性格、しいては古猿楽としての狂言能の発生と展開を考えてみたい。

狂言能の展開　その二

私は「つなぎの芸」という呼び方で狂言能の発生展開を考えようとしているのであるが、実を云えばこの名称は意に添うものではない。日本芸能史が常に背負っている複式構造としての芸能形態のうち、前芸に対する後芸、即ち真面目な本芸に対し、滑稽味を帯びた芸を、仮に「つなぎの芸」と称しているのである。なぜならそれは多く即興性・滑稽性を身上とするもので、前芸の様式性に対し非様式性、文学性に対し演劇性、雅に対し俗、時代性に対して世話的な傾向を示し、早くから固定化の道を歩んだ前芸に対して、後芸は次の芸との間を継ぐという役目に利用されて、即興の面白味より抜け出すことができなかったように思う。民俗学の方から折口博士が説かれた「もどき芸」というものの思想をもそれは含んだものと私は考えて、この言い方をしているつもりである。

(四)〈承前〉

琵琶法師の芸が、既に『平家物語』と結びついて表芸とする以前より民間に流浪していたことは文献にもあり、「新猿楽記」にも載るところである。平曲を専らとするようになる以前、この流浪の芸人は何を聞かせることにより人々の耳を楽しませたのであろうか。平家を語るようになっても、琵琶法師は、ただそれのみに専念したわけではない。

応永二十七年(一四二〇)四月九日の「看聞御記」に、

常順検校常存弟子宝泉許へ細々来云々、可推参之由申之間召之、物語上手也、以之為芸、平家ハ下手也、則物語申、誠殊勝其興不少、平家一両句申、

とあり、更に応永三十二年四月二十五日にも、

城竹又参、城順検校同参城竹相弟子也、此城順ハ物語利口上手也、平家ハ下手也、

と記されている。常順と城順は同一人物かと思われるが確証はない。この記事は、琵琶法師は平家を語る以外にも、「物語」と称する芸能も別に存在していたことを示している。

興福寺の「経覚私要抄」文明三年(一四七一)正月十四日の記事は、時代が下るが、

已下刻盲目参賀十五人、……稲花申之、器用者在之、平家一句可語由仰之間、一句語之其後給暇了、有能者可申之由仰之間、早物語申之、一興、

と書かれ、「看聞御記」で物語と記された芸能は、実は「経覚私要抄」でいう早物語のことではないかと考察されているのは、『早物語覚え書』の著書である安間清氏であった。

早物語は今日平曲の方には残っていないが、東北に残った奥浄瑠璃には、一段と一段の間に小盲人が「それ、ものがたり語りさふろう」と云って早物語をついこの間まで語って聞かせていた。奥浄瑠璃の題材は多く義経伝説から取られ、伴奏楽器も三味線と変ってはいるが、菅江真澄の「配志和のわか葉」の述などをみても、平曲語りの伝統をくむものであることはよくわかる。

奥浄瑠璃でもそうであったが、この叙事詩の間に演ぜられる滑稽物語は、多く初心の盲や、まだ一人前にならぬ修業中の弟子が語ったようである。文献資料の方ではせいぜい「看聞御記」までしか遡れぬとしても、岡見正雄氏は確証をもって、そのもっと古い時代からこの叙事詩の間にはさんだであろう滑稽物語の存在を推測している。

即ち、「慕帰絵」に描かれた琵琶法師に従うはだし姿の童子の弟子、「御伽草子・天神絵巻」の弟子の法師、「六条道場本一遍上人絵巻」などがそれで、平安末期のものでは、「扇面観普賢経冊子」の琵琶を弾く法師とその外側に閉じた扇を持って座す法師、「年中行事絵巻」では、杖をもつ法師に琵琶を担いで従うはだしの童子など、琵琶法師を描いた絵画の多くが、側に弟子らしい小法師を従えていることに注目している。

このように叙事的な語り物の間に、あまりその内容と関係あるとも思われぬ滑稽物語等が挿入されるという形式は、日本芸能がもつ複式構造を考える時に充分に参考にされねばならない。平家物語の如く無常観を漂わせた一大叙事詩は、どの一節を耳にしても、やはりそれだけではあまりに息苦しいのであろうか。つなぎとして、平家の無常観とは相反する滑稽物語が喜ばれたのであろう。琵琶法師の語る平家を聴く観客が、貴族やそれに準ずる教養人である時はもとより、諸国流浪の途上での聴衆には、滑稽物語に目を輝かせた者とて少なくなかったはずである。


僧侶が中心で演じた「延年」は、一種の芸能尽しであるが、その構成に複式構造という意識があったかどうかはわからない。ただ複式構造のうち前段に当る正式なる芸能は記録に留められるが、後段に位置する芸能は多くそれが即興を身上とし、芸能としての意識が薄い為、記録に無いからと言って一概にその存在を否定するわけにはいかない。

時代は下るが、天明五年(一七八五)正月二十日、菅江真澄が、陸中平泉の毛越寺常行堂で摩多羅神祭の「延年」を観た時の記録が、その著「霞む駒形」に収録されている。この祭は今日まで厳格に伝承されており、本田安次博士をはじめ多くの先学の研究対象となっているが、その芸態がほぼ中尊寺の繁栄がまだ忘れられぬ頃の創始であり、伝承の仕方も決して大きな崩れのないものであることが考察されている。後に添加されたと伝え、延年の名称で残る能さえ、今日残る猿楽能の形式より一段と古様であると考証される。同様芸能を伝える中尊寺白山宮には、その延年中に使用されたと思われる正応四年（一二九一）の銘ある「若女面」が現存している。

真澄翁はその見聞を要領を得た筆致で書き留めるが、その内注目されるのは、能芸と能芸の間に出る道化ともおぼしき若僧による滑稽芸である。

まず「田楽躍」があり、ひき続いて「唐拍子」が終ると、

　此曲はつれば、黒き仮面かけて、うら若き衆徒出てあらぬ振して打戯れて入りぬ、其さま能の狂言の如く、あわひ〳〵にかゝる戯れをのみ為し、

次の「三冬の冠」（現今の〈祝詞〉と称すもの）に移る。それが済むと続いて、

　又例の小法師あまた出で、鈴打振りて戯れ唄うたひ、さわめかして馳せ入りぬ、

次に「老女の面をかけて衣かづき」した「老女舞」となり、「老嫗舞ひ入れば」、

　又小法師、子産める真似して戯る、

しかして「坂東舞」となり、それを舞い終ると、
法師の頭に附け髪結びて、我がとちは物知らぬ者なれど、数多の人を笑はせ来べしと楽屋より頼まれて出でたり、人の笑へば我が役はすむ也、いざや笑ひてよと言へば、人皆大声を挙げて笑ひどよめけば、さらばよしや世の中とて入りぬ、
次が児舞の「王母ケ昔」で、それが終れば、
又戯れ事始まり、出でこ〳〵唄うたはんにといへど、とみにも出で来ざりければ、やよ〳〵と呼べど更に一人も出でねば、をのれ独り唄うたひて馳せ入りぬ、
斯くて「京殿有吉舞」となり、舞あって入ると、
又戯るゝ若法師酔ひ声に歌うたふ、やをら戯れ法師の入れば、
「延年」という謡い物となる。いわゆる毛越寺に今日にも残る古能のそれである。
この見聞記に見える小法師の芸は今はない。又、天明と言えば江戸も後期であるから、この能芸と能芸の間の滑稽なる即興芸の様式が古式を残すものと断定は出来ぬ。が、毛越寺の摩多羅神祭に残る他の諸芸能の伝承の確かさを考えあわせた時、この延年を演じる形態を、狂言能の展開を論じる一つの資料として考えてみる価値を充分に認めてよいように思うのである。
つなぎの芸の範疇とは少しずれるが、延年に於ける複式構造としての演出に、「開口」と

「答弁」の関係が挙げられる。

寺を褒め、一山の繁栄を漢文体で寿ぐ「開口」の詞章に対し、すぐそれに続いて演じられる「答弁」は、多くは二人の掛け合いにより気の利いた地口や秀句を連ねて、見物衆を感心させ楽しませるものであった。本来はやはり即興性の強いものであったと思われる。答弁猿楽という言葉は、既に鎌倉時代にみえており、この答弁の当意即妙なる芸態は、やはり古猿楽の芸脈を引く芸であり、狂言の展開には大いなる力を発揮したものと思うのであるが、これについては後述したい。

一方「開口」も、開口そのものが今日残る資料の多武峯などの記録では、既に複式の構造を有している。多武峯の例では、全文が三段階に分けられ、一段目が漢文体の開口本来の詞章、第二段は「カヽル殊勝ノ砌ニハ」で始まり秀句を弄する部分、第三段が「抑カ様ニ」と第二段を受けて、祝句をもって納めている。この開口も、開口猿楽の名でも呼ばれるとおり、猿楽が古い様式であった頃の芸態を濃厚に残していた時期に行なわれていた古猿楽の芸態の一つと思われる。それが延年という芸能群の一つとして残されたものと思われる。

延年という芸能を書き留めた史料中には、前述の開口答弁や、観応三年(一三五二)の周防仁平寺延年次第の十一番目に「狂言・山臥説法」と記された名称以外には、此処に問題としている「つなぎの芸」としての即興芸の根跡はみあたらない。

ただ「東大寺続要録」仁治二年(一二四一)華厳会式の後に行なわれた延年に、稚児の童舞・若音・白拍子等や猿楽衆の芸があったが、その記事を記述した中に、

色衆繞之、振狂言綺語之才芸、狂僧乗興、廻雪秀句答弁之風情、

とあり、狂僧と呼ばれる者が、雪に関連した秀句を当意即妙に弁じたらしいことがあったと思われる。又、「三会定一記」文永二年(一二六五)の条には、

今年任建永之例、勅使侍可令供奉延年之由衆徒兼牒送之、西方所三間仮屋為侍屋、俗白拍子両三狂者一人相具、如形令供奉延年、

とある。又、「東大寺雑集録」巻三・西南院十講の条には、

開口猿楽親尊法師、先達平賢清・定春等答弁有之、其後加賀・海蔵・琳聖・舜勝等両寺狂僧面々出畢、

とみえる。これら延年記録に姿をみせる「狂僧」や「狂者」がいかなる能芸の持ち主であったかは判然とせぬが、前述した毛越寺延年の若僧(小法師)の芸と考えあわせる時、その関連を思わざるをえないのである。

狂言能の展開　その三

（五）

高知県室戸市香良川町の御田八幡神社は、土地きっての古社であるが、此の社の隔年の五月三日に行なわれる「御田祭」は、源頼朝の発願によるものと伝承されている。その真偽は別としても、神社正面の広い拝殿を舞台として行なわれる芸能は、一見して新しいものでないことがわかる。

極端に簡略化されているが「練り」の名称で行なわれる田楽躍。絹衣に抜き垂れ、たすき掛け、笠の出立ちに女面をつけた者二人が太鼓の囃子で不思議な振で舞う「女猿楽」。古型の残る詞章で注目すべき「三番神」「翁」などがあり、その後に、田遊び風の予祝行事が続く。牛、田打、えんぶりさし、田植、酒絞り、田刈りがそれで、その後が再び能芸となり、現在廃曲となっている猿楽能の「小林」のキリの詞章を裃姿の地謡にあたる者達と、天狗面、赤熊姿に具足、大小刀を佩き、長刀を振りまわした演者の掛け合いで舞台を踏みまわる。続いて狂言風の

「魚釣」があり、小林と同様な「地堅」が最後で終わる。

この祭礼は、芸能史の芸態を考えていく上でさまざまな暗示を含むものとして注目されて然るべきである。「女猿楽」と称する舞、古型の詞章を残す「三番神」「翁」等はもとより、廃曲猿楽能「小林」を一部ではあるが田楽の場で演じているその芸態の古風さなど、多くの問題を提供している。が、それ以上に、これらの番組を進行させる役目である「殿と冠者」と称する芸能に目をむけておきたい。

行なわれる諸芸能の原型が、江戸時代以前のものであることは、この祭礼の記録が、文化年間に書かれた武藤致和の「南路志」や、天保六年(一八三五)に鹿持雅澄が集録した「巷謡篇」にあり、現在のものとほぼ一致している事、田楽・女猿楽の流行期、三番神・翁の詞章の古型、猿楽能「小林」の残存など、証する方法は少なくない。

「殿と冠者」は、殿と称す者が、大編笠に羽織、腰に長太刀の六尺ばかりのものを床に引きずるように差して出、「冠者」を大声にて二、三度呼ばわる。「冠者」は、打出鉢の冑を冠り、仮面をつけておどけて出でる。そこで即興に「殿」と問答をみせ、観衆を笑にさそわせた後、殿に言われて次の演目を触れてまわる。各演目の間はかならずこの「殿」と「冠者」の即興的な滑稽技が、なんとものどかに人を笑わせて雰囲気をかもす。今でこそ固定してさしたることもないが、各芸能の間をつなぐこの「殿と冠者」の芸こそ、狂言能というものを考える時、やはり一つの大なる資料としての位置を与えてもよいかと思う。但し、中央で狂言能が成立した以後に、その印象を他の芸能と共に移したことも考えられるので注意せねばならない。しかしそれとて決して今日の如く狂言能が固定した後の頃ではないはずである。

(六)

三河・信濃・遠江の冬の諸芸能の内、田遊び系統の芸能には独立した狂言がある。いずれもいまだ固定したものではなく、予祝を狂言風な即興をまじえて演じて見せるのである。「鍛冶」(新野・大林・古戸)、「魚釣」(坂部・上黒川・古真立)、「馬市」(西薗目・黒沢)、「牛」(西浦)などがそれであるが今は触れぬ。

ただ田楽躍には、それを躍る人々を引き出す為の狂言役があることに触れておきたい。この役は「さいほう・もどき」(新野)、「国重・もどき」(古戸)、「さいはらい」(四谷)、「さいとう」(鳳来寺)などと呼ばれていて、いずれも面をつける。新野の例では「さいほう」は一人で、団扇風の持物と松を手に出、九度同じような振で舞処や拝殿の道具に奉納するとて躍る。その七度目に田楽躍衆の一部を、又九度目に全員を引きつれて出て、田楽躍の最中は、自分は観衆の中を適宜にとび歩き、「餅あぶり」の即興狂言や、「ほつちよ」と称する男根を振りまわして道化てまわる。時折、田楽躍の中に入って共に躍りもする。鳳来寺の「さいとう」も同じく田楽躍を引き出し、一緒に躍るのが主要なる役目であるが、その前後に軽い行事を一人で数番演じ、翁などにもからむ。要するに田楽躍の前座であり進行役・道化役なのであった。古戸の国重・もどきは二人が同時に出るところに特色があり、咎め役と問答もあったらしい。

この地方の田楽は正月行事と結びついて、この道化なども即興性を身上としただけに、早くからその一役を負わされている。

○

田楽と狂言が密接なる関係にあるのではないかとして論を進めたのは滝田英二氏(『演劇史研究』一)が早い。それとは別に北川忠彦氏も「狂言能の形成」(『国語国文』二八—一二)と題する論文で、田楽と狂言の関係についての推論を述べておられる。

狂言を研究する上において重要な位置を占める史料として「春日若宮臨時祭演能記」があるが、それに触れるにあたり、前記北川氏の論文を再考しつつ検討を加えてみたい。

狂言能と猿楽能の源流が、鎌倉期の「猿楽」であるとする一般的見解〈狂言・能同源説〉に対し、北川氏は「猿楽能と狂言能とはどちらも民間の即興的な滑稽演技から発展して来たという点が共通しているだけで、形式の上からは一応系統を分けて考えるべき」であるとしている。更に狂言はその原初形態において「語り芸」の要素が強かったものと想定して考証を行ない、系統を別にする狂言と猿楽能が結びついたのは、田楽能という先行芸能の介在によるもので、田楽能と狂言能の間には恐らくは今日の能と狂言以上の深い関係があったろうと推定している。その関係を察知するものとして、七つの事項を箇条書きにしているが、その最も有力とする史料に先の「貞和五年春日若宮臨時祭演能記」を挙げて詳しい論証を述べている。しかし、その解釈において明らかなる間違いもあると思うので、それについてまず検討を加えておく。

旧鈴鹿家蔵「貞和五年春日若宮臨時祭演能記」のネギ衆の演じた田楽の内に、

ヲカシ法師ノタカシモ、同ジクキシンハカリニテ上ラズ、

とある記事を解釈して、北川氏は「此の際の田楽能は春日神社の神人の演じたものであるが、その中に奈良以外の地に住んでいたらしいヲカシ法師を特にノボラせようとするところに、ヲカシが田楽能とも猿楽能とも異なった別の芸能であったこと、同時にヲカシを専業とする者があったことを感じさせるのである」と述べている。即ち、ヲカシ(狂言)芸の独立性を主張する有力証拠としているのである。しかし、ヲカシ法師がノホラズとあるのを、奈良以外に住むヲ

カシ法師が祭礼に上らなかったと解釈されたのは、明らかな史料の誤読である。その一行前に、

一、ヲカシホウシ春忠スル、ヲカシホウシノアト久春、

一、タカシ同春種、但キシンハカリニテノホラス、

とあるのを受けて、ヲカシ法師の役を演じた春忠も、春種同様にタカシ(高足)には登らなかったという意味であり、高足という芸能が、散楽の伝統をくむ習練を要する軽技的専門芸であった為に、素人の神人達が演ずる芸能であった臨時祭の田楽では、高足をキシン(寄進)するという型ばかりに演じて、実際には登って演技をしなかったと言うのである。

この高足芸は、現今の民俗芸能中に全国で四ケ所残されている。春日若宮御祭・宇都宮二荒山神社のそれは、形式的なもので、実際に高足にはのぼることはない。実際に登ってその芸態を残しているのは、静岡県磐田郡水窪町西浦の田楽と、兵庫県加東郡上鴨川住吉神社の田楽とである。此の二ケ所をみると、相方ともにまず正式の高足芸があり、次に「もどき」と称して、滑稽に高足をのりまわすことが残されていて注目される。それは丁度、能楽に於ける翁と三番叟の関係の如く、はじめの高足は厳粛に、しかしさっと乗ってみせ、後の「もどき」が、見物を笑いに誘いつつ長々と乗って踏みまわるものであった。

貞和五年(一三四九)のこの記事はまさしくそれで、はじめの高足役である春種に対し、春忠

は、ヲカシ法師としてのもどき芸を演じる役であったのである。この事によっても、当時の高足芸の芸態が今日残されたものとその大要において差異がないことがわかると同時に、ヲカシ法師という役の役割が判明する。

貞和五年という時点の田楽芸に、ヲカシ法師という役割が存在していたことは確かに北川氏の言う通りであるが、それは田楽衆の内部の者がになったもので、田楽能とも猿楽能とも異なる芸能団のものではない。

この田楽芸団中のヲカシ法師は、高足のもどき芸を受け持った他に、

マイトノニテ、カタナタマノキシンハカリニ、ヲカシホウシノマイ一番マウテ、

とある如く、舞をまうこともその役目であり、

コノ春忠コツノ人モノニテ、イシクヲカシホウシヲスル、

と言う通り「コツノ者」でなければつとまらないのである。又、春忠のヲカシ法師に対し、久春がアドをつとめているのは注目されてよい。この日の演能では、二人の掛け合いによる芸は演じた記載がない。が、実際の田楽においては、ヲカシ法師は二人以上で掛け合いの即興芸をも演じたらしいことがこの記録からも想像出来る。なぜなら、この臨時祭の能芸は、記録をよく読むと判明する通り、当時の若宮祭の猿楽・田楽・その他諸行能の形態を表面的に忠実に写

すことを旨としているのである。

それならばこの田楽衆の一員として活躍した複数のヲカシ法師は、実際の演能に於いていかなる芸を演じたものであろうか。高足のもどき芸、ヲカシ法師としての舞は判明すれども、「コツ」を必要とし、「アド」を相手にする芸は、いつ、いかなる時にどのように演じられたのであろうか。

先に述べた三信遠地方の田楽にまつわりつく道化役達の歴史を思う時、そのつながりを考えざるを得ない。

田楽がオカシ芸を演じていたのは、実は貞和五年より更に八十年程以前、文永七年(一二七〇)に記録がある。内山永久寺(興福寺内)記録、文永七年八月二日の条で、森末義彰氏が『美術研究』(六九)誌上で紹介し、能勢朝次博士も『田楽攷』に引いている。

八月二日　学衆奉幣、召田楽法師令遊之、此日為防雑人之乱入、鑽坪於西北両方、法師原以手水屋為出立所、徘徊鐘楼之西入自滝上之辺、庭立出之後、着烈西坪之内、刀玉以下各例儀式也、合鼓之時、棰入酒肴、其後、勝法師取八玉、而増一兵明王等吐狂言而催咲叩、凡四部如雲、両座如星烈、可謂希代之珍事也、豈非一山之光華乎、

法師原交名

千徳　万金　敷花　勝　明王　乙　千増　億徳　亀松　春力　千世期　千代松　千鶴　乙倍　孫増此年十三歳云々　兼帯刀玉　高足　未曽有芸態歟

とある。文永七年といえば鎌倉中期である。此の頃既に田楽は数人の者が狂言を弄して人を咲《わら》わせ、芸能の一つとしている。しかしこの段階では後世の田楽能とおぼしきものはない。この「増一兵明王等」の吐いたという狂言の具体的な芸態はわからぬが、おそらくこの狂言こそ原初狂言、即ち後の狂言わざを形成する原初猿楽ではなかったかと思う。この田楽の原初狂言は、後に田楽能に発展するとみるより、やはり田楽芸本来に附属したヲカシ法師の芸へと続くとみるべきで、田楽能は猿楽能との交渉なしには成立しなかったと思うのであるが、それについては別の機会に詳論したい。

貞和五年の臨時祭に記された「ヲカシ法師」、それ以前の文永七年の「吐狂言而催咲叨」した者達は、やはり田楽本来の芸に伴う狂言で、彼等は芸能と芸能の間を適宜につなぐのが役目であったと想像したい。そしてその演者は、田楽衆に内存したもので、決して別にそれ専門の集団があったとは思われない。

貞和五年の臨時祭の田楽能は、はじめ「ムラカミ天皇ノソノ臣下ヲ使ニテ（中略）廉昭武ヨリ琵琶ノ三曲ヲ日本ニツタエタル事」と、後の「斑足太子ノサルカウ」の間に、

白拍子ヲマウ、清吉雅児ノマイラン拍子、

を演じて間をつないでいる。これは本来の田楽ならヲカシ法師の活躍する場所であったのではないかと思う。ヲカシ法師役の春忠が、前後の能に出演していたため、又、神人の演能でありヲカシ芸は演じ得なかった故に、当時人気のあった延年で舞う稚児の白拍子を挿入してつなぎ(間)としたとみるべきではなかったろうか。

但し、田楽の前に演じられた巫女達の猿楽には、ヲカシ法師に相当する芸は記されていない。それればかりか猿楽能二番の他に、ツユハライ、オキナヲモテ、サンバサルガク、カジャノキミ、チチノゼウが演じられている。しかし、サンバサルガクをつとめたカガ御前は、ヲカシ法師方の者である形跡もない。

この猿楽能にヲカシ法師が出ず、田楽にヲカシ芸が演じられている点では、北川氏の、狂言能は猿楽能に吸収される以前にまず田楽能と併演されていた時期があったとする説は頷ける。しかし、巫女達女子の芸として、即興的要素の強い、演劇性の大きいヲカシ芸は出来ぬとして、又その必要もなかった故にはぶいたとも考えられる点もあり、これのみで猿楽能にヲカシ芸がなかったとは断定出来ぬ。

北川氏の挙げた七ケ条のうち他の六ケ条は即ち、(二)「申楽談儀」に日吉神社の神事に田楽が黒き面を頸にかけて渡ったとあるところより狂言方のつとめる三番叟との関係を、㈢同じく「談儀」に記された狂言者の「新座のきく」の名が田楽の新座を指すらしいから、田楽座所属の狂言師であった、㈣「閑吟集」中の田楽歌謡が二曲今日伝承の狂言中にある点、㈤「文安田楽能記」の番組記載中に今日伝承の狂言と同名のものがある点、㈥「太平記」の田楽を記した所に、「狂者の言を巧にする戯」などもある事、などであるが、特に有力な証拠はない。観阿・世阿以前の時代は田楽の演ずる猿楽(田楽能)の方が盛んであり、田楽中にもヲカシ役があったことを思えば、㈢や㈥は理解出来る。㈣㈤は別の意味で検討を要するが、これ等のみでは狂言能との関係が考えられても、他の芸能と狂言の関係と比べてとりたてる程ではない。

○

私は狂言能と田楽能が無関係である事を証したいのではない。田楽が猿楽能よりその繁栄において一歩先んじており、田楽本来の芸の中に既に狂言芸の発生があったことは確かであると思う。故にヲカシ芸(狂言芸)の発達は田楽の方が早かったかもしれない。しかし、だからと言って、ヲカシ芸の発生を田楽との関係だけに限ったり、田楽能・猿楽能とは別個の芸脈を考えたりせねばならない必然性があるとは思えない。ヲカシ芸(狂言芸)の発展を、複式構造へと常に分化しようとする日本演劇の特性の内にみた時、芸能をつなぐという意識が、田楽芸に限らず、平曲・延年・神楽など大がかりな芸能において常に働き、その働きの中でヲカシ芸が育てられたという考えのもとに、私は此処で考察している。

此のヲカシ芸は結局、猿楽能との結びつきに於いて最も発展し固定化するのであるが、その猿楽能とヲカシ芸の関係を少し見た後に、つなぎの芸という広い意味でのヲカシ芸という観点のもとにその性格を考えてみたい。

私はそれらヲカシ芸の母体は、やはり原初形態の猿楽（さるごう）芸であり猿楽の精神であったと考える。もう二回だけ、複式構造のつなぐ芸として発展したヲカシ芸の性格、及び原初猿楽と猿楽能、猿楽狂言の関係についてその大要のみを続けさせていただく。

狂言能の展開　その四

前稿で中世芸能がその発展の中で、上演形式に二つの相反すると思われる傾向を有した芸能をもっていたらしいことを大ざっぱに述べた。これは、芸能の初期形態は別として芸能それ自身の問題というより、あくまで上演形態の問題に於いてであることを一言しておかねばならない。

本稿ではそれを複式構造と称し、本芸に対する芸を仮に「つなぎの芸」と称して記してきたが、この関係は本芸に対する主従を意味するものでも、発生の前後関係、また芸態の軽重を意味するものでもない。即興性・演劇性を有するつなぎの芸が、文学性・様式性をもった本芸に対し、より流動的・即興的である故に仮に名付けたにすぎない。つなぎという言葉自体もそれは時間的な意味で用いるのであり、内容的には、或いは断絶とさえも云える場合もあろう。

猿楽能の歴史の中で、ここに云う「つなぎの芸」にあたるのは云うまでもなく狂言である。

(七)

猿楽能にこの狂言がはっきり姿をみせるのは文献の上ではそう古いものではない。狂言という即興芸に対する、本芸としての猿楽能のイメージがある程度はっきりした対比を現わさなければ、即ち、猿楽能自体が、本芸としての条件をみたすべく育たなければ、今日見る如き意味で、猿楽能と狂言が相対する二つの芸質をもった芸能として姿をとらえられないのは当然である。

原初猿楽の歴史は、それ自体独立した芸としての性格も有しているが、一方、御神楽などに見る如く、それ自体がつなぎの芸としての歴史がある。この原初猿楽と、中世期の猿楽能、狂言との関係は一口で論ぜぬとしても、無関係でないことだけは確かである。狂言と原初猿楽はその系譜を異にするという論もあるが、後述する理由で、私は原初猿楽の本質的芸態は、狂言の形成要素の一つとして受け継がれていると思うのである。それなら猿楽能と原初猿楽との間には、いかなる関係があり、原初猿楽はいかなる過程を経て、猿楽能と狂言に分離されたのであろうか。この先人が多方面から論及してきた問題は、浅学が狭いスペースなどで論ずべきことではない。しかし、原初猿楽がもつ芸態の性格が、中世に於ける猿楽能がもつ様式性・文学性・時代性等の性格と比して近似したものであったと思われないことを考える時、そのなぞ解きの鍵の一つを、他芸能の発展過程に比してみることも許されるかと思う。即ち近世の代表的芸能であるかぶきの形式に比するのである。

かぶきの形成史は、まだ細部に問題はあるとしても、猿楽能の形成に比べれば資料も多く、ほぼ明らかと云えよう。その発生当初の芸態が、小歌にあわせた踊りと、その間に挿入される道化の滑稽芸、簡単なにわか、及び巷間にもてはやされた雑芸であったらしいことは諸史料で推察出来る。小歌踊りとその変型とも云える寸劇を本芸とするなら、つなぎの芸は巷間雑芸、道化の滑稽芸、にわか芸がそれにあたる。しかしこの原初かぶきの芸態と後のかぶきとの概念にはよほどのへだたりがある。即ち、時代物・世話物の名称で区別される複式構造に代表される如く、後世固定した歌舞伎においては、原初かぶきにおける本芸脈の幕府による禁止という外的原因もあって、つなぎの芸であるにわか芸・滑稽芸がクローズアップされ、発展して、世話物とよばれる一ジャンルを育てあげ、一方では、同時代に人気のあった語り物である浄瑠璃とこのにわかの脈が結びつくことにより、新しい本芸である時代物を形成していく。同じかぶきという名称の中でありながら、原初かぶきの複式構造と、以後の複式構造は、その芸態において異なるのである。

元禄時代以後の歌舞伎劇の複式構造は、原初かぶきにおける「つなぎの芸」としてのにわか脈が、一方では浄瑠璃という語り物脈との結合発展により本芸としての性格を備えた時代物に成長し、他方、そのままにわか脈を発展させた芸脈は、本来の即興性・演劇性を延長させて世話物として一つのジャンルを形成し、時代・世話の複式構造を生む。この場合、本芸としての時代物がより高い位置を得て、本来のかぶき芸である世話物が一段低い位置に甘んずる。

近世演劇の発展過程を直ちに猿楽能の歴史に対比することは、本末顚倒の誇りを受けるとしても、つなぎの芸的性格の強いと思われる原初猿楽が、一方はそのまま狂言の一部に発展し、一方は同時代に流行した「語り物」との結びつきにより、本芸的性格を育て、猿楽能という新しい芸能を生み出したと考える私には、歌舞伎・猿楽能の二者の発展の過程が決して無関係とは思われないのである。

かぶきに於いて、その発展分離の要因の一つが、幕府による禁止という外的なものであったのに比べ、猿楽においては、支持層の要求であり、時代の変化であったと思われる。原初猿楽を支えた観衆層はそのまま狂言の形成に参与し、新しい支持者である武士階級や大寺社は、同時代が新しい文芸である「語り物」を生み育てたと同じ意味で、猿楽の芸態変化を要求し、原初猿楽のもつ演劇性と語り物のもつ文学性の結合が、猿楽に本芸としての要因を与え、本来の猿楽芸脈である狂言を越えた優位を得たものと思われる。

敢えて暴論と思われる歌舞伎発展の過程を猿楽能の歴史に対比したのは、様式的・文学的・時代的性格をもつ本芸の成立に、文学である「語り物」の要素が占める重要性を考えたかったからにほかならない。

（八）

猿楽能に対する狂言が文献にはっきり現われるのは、やはり世阿弥の伝書あたりが古いようである。即ち、永享二年（一四三〇）成立と証される「習道書」に、

中楽の番数の事
昔は四五番には過ぎず、今は神事、勧進等には、真の能の中楽三番、狂言二番、已上五番なり、

と記されている。これにより猿楽能を「真の能の中楽」という言い方で狂言と区別していることと、猿楽能と猿楽能の間に狂言が挿入される形で上演されていたらしいこと、五番という番組の数え方に狂言も入れていることなどがわかる。これによると、狂言という芸能が真の能の中楽に伍して、よほどしっかりした芸能に成長しているかのようにとれる。真の能の中楽が、世

阿弥自筆本にみる如き、今日みられる型式を完成させていたと同じ意味で、狂言の形成がなされていたかどうかは慎重に考察せねばならない。

「習道書」と同じ頃成立した「申楽談儀」でも、世阿弥は狂言の役者である大槌（観阿弥の時代）・新座の菊（田楽の新座と云われる）・後の槌等の名を挙げて、芸のあり方を説いているから、観阿弥の時代には、猿楽芸団中に狂言方が独立していたことは確かと云える。言い換えれば、狂言に対する「真の猿楽」が成立していたことになる。

一方同じく永享年間の記録には、狂言について触れたものが若干ある。「満済准后日記」永享二年（一四三〇）四月二十三日の条に、醍醐寺金剛輪院において、室町殿御見物の猿楽があった。

今日為申楽御見物室町殿御入寺、午初刻也、舞台等金剛輪院震殿南庭ニ令用意了、……申楽十一番仕之、申楽五番ヨリ降雨、六番末ヨリ雨脚止、十一番ヨリ又雨降……酉半歟還御也、其後観世三郎於召、五重幷五千疋賜之了、自宝地院二千疋面々寄合三千疋、以上萬疋賜之了、児両人、観世四郎、三人、各二重太刀一腰給之、牛太郎狂言二人、各一重賜之、

とあり、同じくそれより六日以前の四月十七日・十八日の醍醐寺清滝宮祭礼に観世三郎が猿楽を勧めているが、十九日にその禄を賜わりに来た時に、

観世三郎為御礼今日参申了、金襴紺地一端、盆一枚堆紅賜之、四郎一重太刀賜之、牛太郎

同前、

永享五年の同祭礼には、

……今日芸能五番也、狂言弥六弥七牛太郎三人、各五百疋賜之了、

と記される。この折の観世大夫は前日に、

観世大夫禄物外二千疋賜之、

とある。

これらの記事により、狂言方は猿楽芸団中、猿楽能の役者と比べ、はっきりその芸質が区別され、割合に独立性があったらしいこと、弥六・弥七という狂言師がいたこと、牛太郎は笛方の牛阿弥のことと言われているから別としても、狂言という芸能に対する評価がそれ程低くないことなどがわかる。また狂言師の人数も「文安田楽能記」でも、松阿・一阿・徳阿の三人が狂言方の人数として記されている。「満済准后日記」に記された狂言師の弥六・弥七・牛太郎(?)がはたして狂言師のすべてではなかったとしても、当時の狂言ではせいぜい二、三人でことたりたものではなかったろうか。

世阿弥は能・狂言あわせて五番と記したが、永享頃は既に十番以上の演能はざらにある。世

阿弥流に言うならこの十番は狂言も含めての番数であるはずだが、実際はそうではなく狂言は番数の中には含めていない。例えば、「満済准后日記」永享三年二月二十一日、醍醐寺仁王講の猿楽に、

……脇能時分ヨリ降雨、狂言間ニ又雨脚止了、仍舞台ヲ拭テ一番又仕之、此間又雨脚降、仍三番度ヨリ内ニテ沙汰之、東向八間畳ヲ撤テ為舞台、南広縁ヲ以テ為楽屋、……於此七番在之、首尾九番、

とあるから、表の舞台で脇能・狂言・能一番を演じ、内の仮舞台で七番を演じた訳になるが、首尾九番として狂言は入れていない。これは「看聞御記」でも同様で、永享四年三月十四日の条に、

……見物雑人群集猿楽一番了、狂言之後又雨下、

として場所を移し、

於地蔵殿客殿有猿楽、見物衆又群集猥雑也、猿楽先進目六、十番也、其内少々取替令所望、目録、

一番みすゝ於御所在之、二番かつほの玉自是於寺仕、三番すみた川、四番三蔵法師、

以下十一番までの曲名が記されているが、これも狂言は番数に入れていない。

それなら、この頃の狂言がいかなる芸態を有していたかは、同じく「看聞御記」応永三十一年三月十一日の記事にわずかに見ることがる。

猿楽如昨日、……抑猿楽狂言公家人疲労事種々令狂言云々、此事不可然之間、田向以禅啓召楽頭突鼻了、当所皇居也、公家居住之在所、公家疲労事種々狂言不存故実之条、尾籠之至也、為向後突鼻了、且有傍例於山門、猿楽猿事令狂言、仍山法師猿楽令刃傷云々、又於仁和寺猿楽狂言聖道法師比興之事共令狂言、自御室被罪科云々、

とあり、この記事より、此の狂言が真の能と能の間に演じられたものであること、真の能とは異なり、狂言はあらかじめその演目が観衆には知らされていないことなどがわかる。この記事が挙げた芸態を証拠として、狂言の風刺性を強調する論もあるが、これは特にその傾向のものを必要のため集めたのであり、直ちにこの時代の狂言の風刺性だけを強調することは出来ぬ。狂言の性格の一つに風刺性もあったにすぎない。

また、猿楽狂言という名称より、狂言が猿楽芸である証とする論も性急すぎる。この記事の猿楽狂言は、猿楽の中に含まれて演じられた狂言と理解した方が文意に沿っているように思う。

◆民俗芸能に残る古猿楽の芸能（十四　最終回）

狂言能の展開　その五

（九）

先の稿で私は北川忠彦氏の「狂言能の形成」（『国語国文』二八―一二）と題する論文をとりあげ、その内「春日若宮臨時祭記」について記されたヲカシ法師の芸態に関しての私考を述べさせて戴いた。が、北川氏の論で、氏が最も力説されているのは、〝原初狂言の語り性〟についてなのであった。即ち「語る芸が原初狂言能の一つの要素をなしていたのではないか」と云う説とその考証が中心の論であり、その意味においてはやはり画期的な論と云わねばならない。

私は、現在完成された形を持って一つのジャンルを成している狂言能が、それ自体はじめから、今日見る如き意味での完成された芸態を有していたとは思わない。多数の芸態や様式を異にする芸能が、或る条件のもとに集まって、それが集大成され、洗練されたのが今日の狂言能ではないかと思う。それ故に、今日残された狂言能は、その芸態を、そのもとの形を考えつつ分離し、それぞれの原初芸態について究明した時に、はじめてその歴史をある程度明かすことが出来るものと思う。北川氏が、狂言能の原初形態を語りにもとめた論は、その要素の一つの芸脈（それが占める比重は大きいと思う）を論じたものとしてなら賛意を表せるのである。しかし原初形態を語り脈に限るとしたら、それは考えなおさねばならないように思う。

その意味では小山弘志氏の「狂言の演戯性」（『国語国文』二二―一〇）は示唆多い論といえる。狂言をその芸態において、①言葉の遊び、②語り、③歌と舞、に大別し、それぞれについて別けて論じている。私もそれを参照しつつ、仮に自分なりの分類を試みて、狂言の歴史を考えるしめくくりとしたい。

それならばなぜ、異なった芸態をもつ芸能が後に狂言という名で統一され、一つのジャンルを形成するのかを先ず考えねばならない。

実はこれまで長々と述べてきた日本芸能の複式構造は、狂言形成の過程とその性格を考えるためでもあったのである。本芸がもつ、文学性・様式性・時代性・悲劇性等の性格に対し、つなぎ芸と仮に呼ぶ後芸は、演戯性・即興性・現実性（現在性）・喜劇性等をその特色としていることは既に述べた。猿楽能の形成過程において（田楽衆が演じた猿楽能も含めて）その複式構造のつなぎ芸として必要であったのは、乱暴な云い方ではあるが、この条件をもったものであれば何んでもよかったのではないであろうか。いい換えれば、それらの性格を有している当時の芸能が適宜に吸収され、その諸芸能が時間の推移と洗練の中で本質を失うことなく集合されたのが今日の狂言能であると思うのである。勿論その母体となったものは想定せねばならないが。

貞和五年(一三四九)の「春日若宮臨時祭」の巫子猿楽や禰宣達の田楽能では、このつなぎ芸として「ヲキナヲモテノスカタニテ、ランヒヤウシヲマワル(猿楽)」、「シラヒヤウシヲマウ、清吉チコノマイランヒヤウシ(田楽)」をもってそれに当てている。勿論これはヲカシ役がいないことなどの事情もあり、確かな証拠とならぬにしても、狂言というものを、一つのはじめから固まった芸能と考えず、「ツナギの芸」としての条件を有する広い範囲の芸能が様々に演ぜられており、それが淘汰されつつ、いくつかの類型を形成してきたと考える時、狂言能形成の歴史が無理なく推察出来るように思われる。狂言という名称も、その一要素がクローズアップされたものと考えたい。

(十)

それならその条件に叶った芸能はどのようなものであり、いかなる類型に分類して考えられるのであろうか。仮にここなりの分類を試みておくこととする。

「狂言」の名が代表する通り、まず言葉を主体とした芸能の脈が考えられる。そしてこれには三つの異なった芸能としての行き方があったように思う。

その一つは狂言の名が示す通りのもので、戸井田道三氏が「狂言という語について」(『観世』二二―三)で触れている通り、狂言以前には、「興言」という語で示されたと思われる芸脈である。平安後期の日記「中右記」保安元年(一一二〇)四月十一日の条に、改元年号名に案出された長仁という名称が、当時の散楽法師の名と同名故沙汰出来ぬ由を記して、最後に「誠是興言也」と評した用法。「古今著聞集」二五の部だてに「興言利口」の項がたてられ、冒頭に「興言利口は当座に笑を取り耳を驚ろかす事」として、「興言利口者、放遊得境之時、談話成虚言、当座殊有取笑驚耳者也」と記されることなど、又「江談抄」「源平盛衰記」等にもみられ、その用法は、まさに笑を意図した物語を意味するように思われる。中山太郎氏は『日本盲人史』中に「看聞御記」にみえる城順(常順)検校等の平家法師が、平家以外語ったという〝物語〟は、興言利口の意味であって、琵琶の間に古い説話や珍しい民譚などを面白可笑しく噺すものと解釈している。

「看聞御記」応永二十三年(一四一六)七月七日の条に、

物語僧被召、種々狂言申、

と記されたのも、「満済准后日記」永享二年(一四三〇)正月十三日の大名松拍子に、

一番ニ遁世者号讃阿烏帽子水干持如意宝珠、一興ヲ申退出、

とあるのも、興言の後を受けた、せまい意味での狂言と解せられると思う。

玄恵の「遊学往来」に、狂言が一声・早歌・白拍子・音曲・乱拍子・曲舞・歌物等と列記して、「催酒宴之一興」と記したのも、「下学集」に、綺語・俳諧・滑稽と一緒にして狂言を記し、田楽・松拍子・傀儡等と別の所に並べてあるのも、狭い意味での「狂言」を考え、芸態を把握するなら頷けるところである。

その二は、「秀句」の文字に代表される言葉の遊びの芸脈である。これは当然に、一と関連があるが、やはりその芸態・発展過程から云って別項を立てる方がよいと思う。現行曲「秀句傘」のアドの言〽只今世間に秀句と申す事がはやりまする、を引くまでもなく、現行狂言には一曲の趣向を言葉の弄びに求めたものが多い。「秀句傘」「酢薑」「薩摩守」「竹生島詣」「今参り」「魚説法」など多数を挙げることが出来、「太子の手鉾」の如き拍子にかかった地口、「鳴子」「名取川」等の物尽しの歌謡なども これに入る。これら秀句は、多く二人以上の掛け合い、又は周囲のオカの衆の合槌で進行し、内容より当意即妙なる言葉の遊びを主体とする芸態は、前述の「興言―狂言」の展開と異なる面をもつ。又、その伝統も、延年の「開口」や「答弁」の芸、狂僧・狂者の弄する気の利いた言葉のやりとりにあったからで、結局それは「新猿楽

記」記された、

還橋徳高先 胆《ニギヤカ》 而末無秀句、

の評言や、「平家物語」に書かれた鹿ケ谷の猿楽、また答弁猿楽の名称などからもうかがえる如く、原初猿楽から受け継いだ芸態とみてよいと思う。

興言が狂言に変化したのも、「狂言綺語」なる外来語を引き入れた以外に、延年における狂——僧・狂者のイメージもあずかっているかも知れない。

第三は「語り」芸である。これは夢幻能の形成の中で形づくられたと思われる芸態で、今日カタリアイ・シャベリアイ等のアイ狂言にその伝統がみられるが、これについては民俗芸能の山伏神楽などに残る沙門等の芸態を参照しつつ、夢幻能の形成を考える時に改めて触れたい。

言葉による芸脈の他に、狂言には身振り「演戯」による流れがある。仮に「ヲカシ」という言葉を借りることとする。現行曲「三人片輪」「棒縛り」「千鳥」「しびり」や「鬮罪人」「二人袴」「金岡」など、言葉のみではどうにもならないが演戯によってヲカシを醸す曲がそれで、発展の過程で単なる笑いから、人情の機微を穿ったものにまで高めえているとしても、ヲカシの伝統を最も正統に継ぐものではないだろうか。

「看聞御記」応永三十一年三月十一日の条に記された猿楽狂言「公家人疲労事」や「山門に

於ける猿楽令狂言」も、「於仁和寺猿楽狂言聖道法師比興之事共令狂言」も、結局この芸脈に属するものであり、強いては「新猿楽記」の「福広聖之袈裟求」「妙高尼之繦緥乞」「巫遊之気装貌」「東人之初京上」等や、「宇治拾遺物語」が書き残した家綱・行綱兄弟の内侍所御神楽における陪従猿楽等も脈を同じくするものと思う。

身振りによるヲカシと、言葉がおりなす笑いとは、早くから関連しあってはっきり区別をつけにくいものが多い。「源平盛衰記」巻三に記された京童の「山僧は田楽法師に似たり、打敵をば打返さで、傍なる者を打様に……」という評言に引かれた田楽法師のオカシ芸も、おそらくは言葉の笑いに助けられていたものであろう。

もう一つ狂言における大切な要素は、舞と歌謡である。「春日若宮臨時祭」のつなぎ芸が舞であったことは前にも述べたが、その当時もてはやされた歌や舞(能とは別種の)を間にはさんで見せ、或は聞かせることは、やはりつなぎ芸としての性格に叶った行き方であったろう。狂言歌謡が相当に後まで定着をみせなかったのも実は流行の歌を聞くのに意味があったので、狂言の流動性・即興性はつなぎ芸の性格から当然とせねばならない。今日の狂言能の内「庵の梅」などのように酒盛りのみで一曲を構成している曲や、酒盛りの場が大半を占める曲の多いのは、歌や舞をみせる最も有効な場としての採用であって、舞尽し、歌尽しへの興味が薄い固定後の狂言にあっては、鑑賞の対象が他に移ることとなる。例えば、「加茂」の替間と称される「御田」は、田植歌と美麗に並んだ早乙女への興味で成った一曲であるが、

音楽等面々尽芸能、田植之風流ヲシテ早乙女三人善国・有善・広輔色々小紬ヲ着シ髪ヲ褁テ田歌ヲ詠、早苗ヲ植ヲ舞、前宰相笛ヲ吹、三位、重有、長資等朝臣、拍子ヲ打、拍之二度、被召返賜御扇、(「看聞御記」応永二十三年三月七日)

今日桂地蔵へ風流拍物参、室町殿幷武衛勘解由小路中間等寄合、田植之風情ヲ作、金欄曇子等裁着、結構驚目云々、(同応永二十三年八月九日)

等の時代には、どんなにか興あるものであったかと思う。

これら狂言としての舞や歌が、他のものとくらべ原初猿楽中に既にそのめばえがあったかどうかはわからない。しかし、その性格からいって、猿楽能が形を整え発展する過程の内で、とられては捨てられつつ固定を拒否し続けながらも、酒宴、登場・道行、キリなどのパターンに押し込められて固定した。

以上大雑把に分類した三つの他にも、風流によるもの(動物化装・趣向の面白さによる)、連歌・相撲・舞踊(舞とは別の)等、流行のものをみせることを主体とした狂言もあるが、例外的なものとしてよいと思う。

また祝言性・風刺性も別項を立てねばならぬものかもしれぬが、これはつなぎ芸の性格を有する芸能自体がはじめからもつ特性であり、原初猿楽が既に多かれ少なかれ負っていたものなのである。演ぜられる時と場所、観衆の要求によって、この二面性を適宜につかいわけたところに、最も芸能らしい狂言の条件があり、歴史があったように思う。

（十二）

結局、狂言能の原初形態は、その全部ではないが、多くの部分を原初猿楽から引いているといってよいように思う。

しかし、能と狂言の関係については、能・狂言同根説を最も強く認める小山弘志氏さえ、林屋辰三郎・松本新八郎両氏の狂言発生説を検討した上で、森末義彰氏の猿楽座の形成と能の成立とはほぼ一致していたとする見解を踏まえて「当時の猿楽座の一員として猿楽本来のオカシを業とするものがいたことは否定出来ない」とし、「能の発生の当初からこのオカシが能に入り込んでいたと私は思っている」と述べているにすぎない（前掲「狂言の演戯性」）。一歩進めて猿楽本来の、芸の中から他芸能の強い影響をうけて能が発生し、本来の猿楽芸は狂言の方に受け継がれたと云うためには、まだまだ多くの論証がいるかもしれない。

我国の芸能史に深く根を張る「もどき」の思想については、既に折口信夫博士の見解が一般化されている。翁と三番の関係を挙げるまでもなく、田楽の方でも、猿楽の能を演ずる以前から、本芸としている田楽芸の内に既にこの複式演出があったらしいことは前に述べた。この複式演出思想の我国芸能史への影響は決して小さいものではない。しかし一方、本芸をもどくという発展過程の他に、本来ある演戯性の強い芸能が、文学と結合することにより、より高度な別種の芸能を生みだす場合、即ち本芸—もどきの関係とは逆の過程をたどる場合のあることに思いを及ばしてみる必要がある。常に複式構造へと分化する我国芸能史の流れを、本芸—もどきの関係のみに考えるなら多くの矛盾が残される。先号に述べたかぶきの歴史はもとより、平曲についてもこれは詳細に考察されねばならない。能・狂言の歴史も同じことが云えないだろうか。

（十二）

最後に狂言の内でも間狂言に一言触れておきたい。間狂言には大きく分けて二種ある。第一種はカタリアイ・シャベリアイの類で、第二種はアシラヒアイである（野上豊一郎氏「能と狂言」）。野上氏は能の主役一人主義のたてまえより、カタリ間を最も古い型とみ、能の中へ入り込んでいるアシライ間は能が能役者だけでは完全に演出できなくなってからのもので、その橋渡しとして早打間があるとしている。それに対し、川瀬一馬氏や戸井田道三氏は、世阿弥の伝書に記された初若の能の一役で出た新座の狂言師菊についての記事などより、アシライ間の方が古い型と反論している。

私はこの様な前後論争に意味をみとめない。枚数の関係で結論のみを記すに留めるが、猿楽能の様式が、夢幻能と現在能とが別であり、その発生が異なると思われる現在（本田安次博士は夢幻能を第一の能と称し「託宣の様式を前段とし、語りを済ませた憑子が、実はその語りの主人公といふのは私なのだと、霊の正体をあかし」、「やがて霊の本来の姿をあらはして出て舞を舞ひ、或は更に語りをする」。現在能を第二の能と称し、「前後をととのへた一篇の物語があり、その物語の中に語られてゐる人物が、物語の進行につれて次々に舞台にあらはれ出で、その物語りの各自に関する部分を多少の身振を交へつつ各自が受持つて語る」と区分している）、夢幻能の中入の隙を埋めるべきカタリ間・シャベリ間・末社間と、現在能の一役を受持つアシライ間・早打アイが、若干の例外はあるにしてもその発生関係においては別々に論ぜねばならないと考えている。夢幻能の間は、つなぎ芸の一種と考えてよく、本来前後を断絶して、別種の芸能で埋めてもよかったものと思われる。それが今日の如く、もどきの語り芸で統一されたのは、狂言のもう一つの系譜として別に稿を改めて考えねばならぬ問題なのである。

付記

論文でも報告でも資料でもないこの稿は、私にとってはその時々の覚え書とでも云うべきものであって、決して完全なものではない。若い者が舌足らずな勝手な思いつきを並べたてた僭越は、ぜひこのそれぞれの項を、御批判に足るだけの論文として成長させた姿でお目にかけたいと云う私の決意に免じて御許し戴きたい。紙面の都合で書き残したことを含めて、ぜひそれを実行しておきたいと願っている。

（『藝能』発表時の「付記」）

あとがき

月刊誌『藝能』に、この原稿を書き始めた一九六六年(昭和四十一年)といえば、私は未だ二十七歳であった。歴史学の手ほどきを受けていなかった私は、先輩たちの論文を読みながら、見よう見真似で、十四回の連載を書かせてもらった。今読むと、書籍名の『』の使い方も、論文名の「」の使用法も統一が取れていない。このたびの編集の段階で、岩田書院の岩田博氏が手を入れてくれたが、そんなことでは追いつかない杜撰さも残っている。しかし今回は六十年以前の原稿と云うことで、様々な史(資)資料からの引用部分も、基本的には加筆や訂正はしていないから、私が読み返してもおかしな部分もある。

但し、原則として引用部分を含め、本文の漢字を、新字体や通行字体に直したり、歴史的仮名遣いを、現代仮名遣いに改めたりはした。

私は芸能史研究会の一員として、一九七四年には『日本庶民文化史料集成』第二巻「田楽・猿楽」(三一書房刊)の編集に携わったり、京都に居を遷してからは、基本的な史料集の活字本を手元に揃えたりしたが、この原稿を執筆した時には、それらの閲覧が思うようにはならなかった。

内容的にも、冒頭一回目の「多武峯猿楽」については、一九七四年十月に、法政大学能楽研究所の「紀要」第一号が出て、そこに表章氏が「多武峰猿楽」という長文の論文を掲載した。しかしさすがに民俗芸能に伝承されたものまでは、手を伸ばしてはいない。また、四回目の「猿の猿楽」で多用した「信西古楽図」（東京芸術大学蔵）も、平安時代のわが国の古楽を描いたという通説に従ったのだが、近年の研究で大陸の古楽図であるという説が有力視されている。

結局、私がこの連載で考えていたのは、「民俗芸能資料」の中に「古猿楽」の芸態が残されていないかという問題意識であったようである。しかしこの問題意識は、何の成果も挙げられないまま、最終回末尾の付記をみると、この方向性の研究を、私の研究の課題としたかったことが記されているが、結局私は何もしていない。私の芸能史研究とは何であったのであろうか。現在の私には、せめて六十年前の原稿を、再度公にして、次の世代に託することしか出来ないようである。

本書の出版に当たっては、岩田書院の岩田博氏に過分な手を煩わした。細かい活字が見えなくなり、もともと校正の下手な私に代わって、一切のお世話をしてくださったのである。伏して御礼を申し上げる。
最後になったが、二十代後半の若い私の原稿を十四回に亘って連載していただいた故石井順三氏にも、あらためてお礼を言わなければならない。

二〇二四年秋

山路興造

著者紹介

山路 興造（やまじ こうぞう）

1939年６月、東京生れ。早稲田大学教育学部卒業。
専攻：民俗学・日本芸能史・民俗芸能研究・人権問題など。
国立文化財研究所芸能部嘱託・平凡社地方資料センター所員などを経て、
京都市歴史資料館館長・世界人権問題研究センター第２部長などを歴任。
藝能史研究会代表委員・民俗芸能学会代表なども勤める。
著書
『翁の座―芸能民たちの中世』（1990年　平凡社）
『京都 芸能と民俗の文化史』（2009年　思文閣出版）
『近世芸能の胎動』（2010年　八木書店）
『中世芸能の底流』（2010年　岩田書院）
『都の文化・光と陰―人権の視点から―』（2016年　世界人権問題研究センター）　ほか

民俗芸能に残る古《こ》猿楽《さるがく》の芸能

2025年（令和７年）１月　第１刷　450部発行　　**定価［本体1800円＋税］**

著　者　山路 興造

発行所　有限会社岩田書院　代表：岩田　博

〒157-0062 東京都世田谷区南烏山4-25-6-103

電話03-3326-3757 FAX03-3326-6788

http://www.iwata-shoin.co.jp

組版・印刷・製本：亜細亜印刷

ISBN978-4-86602-182-9 C3039　￥1800E